MARIA ROSA GRECO

SessualMente

Come Vivere Pienamente

La Tua Vita Sessuale

Titolo

"SESSUALMENTE"

Autore

Maria Rosa Greco

Editore

Bruno Editore

Sito internet

www.brunoeditore.it

Sommario

Introduzione

Il mio scopo, qui, è trattare argomenti-tabù con la naturalezza che appartiene loro, e fornirti degli spunti che possono stimolare il tuo percorso verso l'armonia, in modo che poi tu disponga di conoscenze in più per scegliere la tua direzione. Per questo, in ogni capitolo troverai delle nozioni per ampliare le tue conoscenze, degli stimoli di riflessione personali e soprattutto delle indicazioni pratiche che puoi utilizzare fin da subito nella tua vita quotidiana, per raggiungere i tuoi obiettivi.

È come se ti proponessi di incontrare una persona nuova: inizierete con il salutarvi, scrutarvi, osservarvi, usare le vostre conoscenze ed esperienze passate, sentire e stare nella relazione (in questo caso con te stesso), formulare dei propositi e delle mete, partendo da ciò che ti è congeniale, etc.

Scegli quali indicazioni vuoi seguire e, se lo fai, proponiti di mantenerle fino in fondo e di essere costante nella tua azione, così da poterti confrontare su quel tema a distanza di tre, sei, dodici mesi e osservare cosa è cambiato in te.

Troverai un percorso ideale strutturato in sette "giorni", vere e proprie tappe teoriche ma soprattutto pratiche da utilizzare per trasformare il tuo rapporto con la tua sessualità.

Sono tecniche che utilizzo da anni nella mia esperienza professionale di terapeuta, e che in gran parte ho vissuto e sperimentato in prima persona nel mio percorso individuale di donna che si è riappropriata della propria Passione e della propria Sessualità.

Ovviamente, i risultati che potrai trarne dipendono fondamentalmente dalla qualità dell'impegno e della determinazione con le quali metterai in pratica quanto ti propongo.

Nelle prossime pagine troverai le strategie, sta a te attuarle. In ceti casi, ovviamente, sarà fondamentale affiancarle con l'intervento di uno specialista, psicologo, sessuologo o medico, se i tuoi problemi hanno radici più profonde. Ma non sottovalutare la potenza della tua mente, una volta addestrata e forgiata come uno strumento di alta precisione, nell'aiutarti a conseguire i risultati che i poponi: recuperare una vita sessuale completa, soddisfacente e felice, che tu sia donna o uomo, facendo piazza pulita di quei condizionamenti e false morali che per molto tempo ti hanno limitato!

Buona scoperta e buon viaggio nella tua Passione!

Giorno 1:
COME VIVERE SESSUAL-MENTE

La maggioranza delle difficoltà relative alla sfera sessuale hanno origine nella mente dell'individuo; solo una minima percentuale deriva da reali problemi fisico-organici: in genere, chi incontra queste difficoltà, in prima battuta, tende a cercarne le cause, ovviamente senza trovarne, nel funzionamento del proprio corpo, come se questo fosse separato dalla propria psiche, dalle proprie modalità di relazione con altri individui e con eventi della propria vita.

Segreto n. 1: la maggioranza delle difficoltà relative alla sfera sessuale hanno origine nella mente dell'individuo.

Un altro modo di giustificare i propri disagi è, in genere, riferirli ad una "vita stressante"; è vero che lo stress crea una serie di difese e di ansie che remano contro il nostro fluire nella vita, ed è anche vero che lo stress è autoalimentato da ritmi di vita che spesso non decidiamo liberamente (come salire su un treno che ha un percorso ben definito dai suoi binari): responsabilità e compiti da assolvere, scadenze da rispettare, relazioni sociali di vario genere da gestire, ritmi di vita veloci, etc. È anche vero, però, che i treni possono cambiare direzione grazie all'attivazione volontaria degli "scambi" sui binari, che è possibile gestire lo stress quando si sceglie di padroneggiare la propria vita (possiamo prendere la patente di "macchinisti"!), e che corpo e mente sono intrinsecamente connessi, sempre e comunque.

Il mio contributo, qui, consiste nel proporti una serie di punti di vista, di stimoli, di domande di riflessione e soprattutto di tecniche ed esercizi che faciliteranno un cambiamento nella direzione voluta. Questo testo, pertanto, non vuole essere un semplice manuale del "come fare" nell'area della sessualità, ma ha anche presupposti terapeutici, che spaziano da un approccio psicologico, a quello corporeo, a quello energetico, a quello esperienziale...

D'altra parte, conoscenza di sé stessi e crescita personale camminano di pari passo con la risoluzione di problematiche personali, ed è quello che propongo ai miei clienti in terapia.

Segreto n. 2: conoscenza di sé stessi e crescita personale camminano di pari passo con la risoluzione delle problematiche personali.

In questo testo non ho voluto trattare l'argomento omosessualità perché meriterebbe uno scritto a se stante, tanto sono vaste le considerazioni, le interpretazioni e le conoscenze sia di ordine psicologico che corporeo ed organico relative a questa parte del nostro mondo.

Voglio, comunque, dire qui che, come la sessualità di per sé, anche l'omosessualità maschile o femminile ha attraversato diverse fasi nelle varie epoche storiche, fino ad essere un tabù.

Oggi, nel mondo occidentale si sta assistendo ad una lenta "integrazione" ed accettazione di questa realtà, "diversa" dall'usuale. Anche se, proprio in questi giorni, assisteremo, dai nostri televisori, all'uccisione in Iran di due uomini, rei di essere una coppia "gay".

Esistono diversi testi sull'argomento "sessualità", essi però sono, in genere, o troppo tecnici dal punto di vista terapeutico e, quindi, non adatti al grande pubblico, o rasentano lo stile del manuale erotico/pornografico (proposto come trasgressivo e liberatorio, ma che in realtà costruisce un'altra gabbia mentale che blocca ulteriormente l'energia sessuale e fa leva sui desideri inespressi soprattutto del sesso maschile). Ciò a cui sono invece interessata, e che voglio trasmettere qui, è ben altro: parlare della sessualità in maniera chiara e "pulita" è un buon modo per affrontarla.

È' possibile sperimentare serenamente la nostra sessualità solo se siamo mentalmente equilibrati; di contro, una mente libera presuppone un rapporto sereno con il nostro corpo. La repressione della sessualità, attuata ingegnosamente dalle culture e religioni patriarcali, ha legato per secoli il sesso e la mente in un tiro alla fune in cui, in realtà, entrambe le parti hanno rischiato di perdere la presa e piombare a terra.

Segreto n. 3: è possibile sperimentare serenamente la nostra sessualità solo se siamo mentalmente equilibrati.

Con la psicanalisi, a partire dalla fine del 1800, a mio avviso, il concetto di sublimare (e sostanzialmente deviare) un'energia prorompente come quella sessuale era sembrato un buon compromesso per tenere dormienti sia la vitalità che molte funzioni psico-organiche dell'essere umano. D'altra parte, molte patologie legate alla personalità (isteria, nevrosi, etc.) risultavano e risultano ancora oggi essere dirette discendenti dei condizionamenti mentali e della repressione della vita sessuale dell'individuo, fin dalla nascita.

Ti sei mai chiesto per quale motivo i condizionamenti atavici in questa area della vita sono stati sempre così forti? Cosa ha portato l'essere umano a coprirsi (oltre ai grandi cambiamenti climatici) anche quando fa molto caldo, se non il senso della vergogna? Pensi che questo sentire sia naturale ed insito nell'essere umano, oppure che gli è arrivato dall'esterno, imposto da menti che avevano paura della forza creatrice che può mettere in atto una persona libera e pulita dentro? D'altra parte, ci si nasconde soprattutto quando non si è puliti dentro.

Ti sei mai chiesto perché **la storia del pudore** (della mela della conoscenza mangiata e offerta dalla donna nel paradiso terrestre e che, per questo, diventa peccatrice) non è valsa per tutti gli esseri viventi, ma solo per coloro che sono nati in una certa parte del mondo, con una certa cultura e certe religioni?

Se il senso del pudore avesse fatto parte del sentire intimo dell'essere umano fosse stato "naturale", sarebbe stato condiviso da tutte le culture, come è il caso, per esempio, del fatto che il cuore (ovviamente non la pompa cardiaca!) è il centro dell'amore. Non è mia intenzione, qui, allargarmi a digressioni di natura antropologica, sociale o di storia delle religioni. Voglio solo iniziare con te questo viaggio di scoperta di un mondo, quello della sessualità umana, con la consapevolezza che non è semplice districarsi nella rete dei condizionamenti.

È però sempre possibile armonizzare le sensazioni ed i processi del nostro prezioso corpo, che comprende anche un Sesso, e le elaborazioni ed i processi di apprendimento della nostra preziosa Mente, per ripristinare un processo di crescita che molte persone hanno perso per strada, convinti che non è vero che tutto è possibile, che non è vero che i cambiamenti sono alla portata di tutti, che noi "siamo fatti così" fin dalla nascita (la famosa frase: "è il mio carattere" mi fa tanto sorridere ed intenerire!) e moriremo così... Ti invito, pertanto, ad usare fino in fondo questo testo:

o per confrontarti con pensieri del tipo "ma guarda questa tizia come è spregiudicata, ma non si vergogna?... e dice pure di essere psicoterapeuta e terapeuta",

o per mettere in movimento le tue capacità mentali per **apprendere nuovi punti di vista**, criticarli, rigettarli, interiorizzarli, etc.,

o per **mettere in movimento le tue sensazioni di eccitazione**,

- per scoprire e sentire le tue passioni, e lasciarti guidare da queste per andare ancora più velocemente verso le tue mete, che mi auguro comprendano il tuo personale benessere psico-fisico.

Segreto n. 4: è sempre possibile armonizzare le sensazioni ed i processi del nostro corpo, che comprende anche un Sesso, e le elaborazioni ed i processi di apprendimento della nostra Mente, per ripristinare un processo di crescita che molte persone hanno perso per strada.

Nella stesura di questo testo sono partita dalla mia esperienza come donna e come terapeuta, chiedendomi cosa **a me** sarebbe servito conoscere per amplificare la consapevolezza nell'area della mia sessualità, e per identificare ciò che doveva essere trasformato per viverla con maggiore pienezza (d'altra parte il miglior terapeuta è colui che ha fatto anche esperienza, risolvendo i suoi problemi... non siamo ancora una categoria di autoimmunizzati!), e che cosa, quindi, sarebbe servito ad altri che, pur se non miei clienti in terapia (la parola "pazienti" l'ho sempre rifiutata per il suo intrinseco valore pessimistico), potevano avvalersi di opportunità di crescita personale.

Essa ha inizio, sempre e comunque, dalla scelta di volersi conoscere maggiormente, mettere in moto le proprie potenzialità ed evolversi, grazie anche alle difficoltà (grandi maestre di vita!) incontrate nel proprio percorso. La mia sfida personale è stata affrontare i tabù che riguardano la relazione con il mio corpo: l'educazione ricevuta in un contesto cattolico ha dato un'impronta "conservatrice" alla mia crescita, dall'infanzia fino alla maturità. Pudore e vergogna nella sfera sessuale hanno accompagnato le mie relazioni sociali (non solo con i miei vari partner), il rapporto con il mio corpo e con la mia mente.

Ad un certo punto, insoddisfatta del mio modo di essere in relazione con il mondo, ho deciso che era arrivato il momento di uscire allo scoperto come donna, come essere femminile e sensuale. Improvvisamente (cito un esempio di un mio cambiamento per me molto importante per quanto riguarda il mio rapporto con la sessualità) si è modificata anche la percezione del mio schema corporeo: pensavo di avere i seni "cadenti" e invece ho dovuto acquistare reggiseni di una taglia più grande (avevo finalmente riconosciuto i miei seni ed il corpo aveva risposto subito a questa nuova percezione di me stessa trasformandosi letteralmente!). Smettere di vergognarmi e di nascondere le mie parti “intime” ha permesso loro di fiorire in armonia con il resto del corpo.

La scelta di trasformare uno schema mentale potentemente radicato, ha portato repentinamente ed in maniera forte ad una nuova realtà più soddisfacente. Ecco perché la scelta di questo titolo: per ribadire che l’armonia di una persona non può prescindere dal considerarsi nella sua interessa, nel mettersi in ascolto delle voci intercomunicanti tra corpo, mente, consapevolezza e di tutte le loro espressioni di fondo (voci fuori campo etc.!).

Inoltre, il mio approccio terapeutico, nato con la specializzazione in psicoterapia della Gestalt, oggi abbraccia ed integra pienamente queste tre dimensioni, attingendo anche da esperienze di guarigione anche molto lontane dalla cultura occidentale e dalla mia formazione iniziale.

A volte, corpo e mente si affrontano e lottano come se fossero due nemici; l’armonia tra queste due dimensioni è comunque possibile, a condizione che si riconoscano ed accettino entrambe, con la consapevolezza delle loro specifiche e diverse funzioni.

Esse stesse, a loro volta, sono strumenti di una coscienza ben più vasta, che le integra e guida. Il tabù, di per sé, è frutto della mente che ha imparato, per vari motivi e vicissitudini, a distorcere una realtà, tanto da averne paura e negarla. E ciò è in antitesi con l'espressione libera dell'essere umano.

Andando oltre tutte queste limitazioni mentali è possibile trasformare il modo stesso con cui la mente "pensa" la sessualità: ottenere una Sessual-Mente significa addomesticarla, utilizzare la sua creatività per vivere e sperimentare pienamente la propria Passione.

Segreto n. 5: andando oltre tutte le limitazioni mentali è possibile trasformare il modo stesso con cui la mente "pensa" la sessualità.

RIEPILOGO DEL GIORNO 1:

SEGRETO n. 1: la maggioranza delle difficoltà relative alla sfera sessuale hanno origine nella mente dell'individuo.
SEGRETO n. 2: conoscenza di sé stessi e crescita personale camminano di pari passo con la risoluzione delle problematiche personali.
SEGRETO n. 3: è possibile sperimentare serenamente la nostra sessualità solo se siamo mentalmente equilibrati.
SEGRETO n. 4: è sempre possibile armonizzare le sensazioni ed i processi del nostro corpo, che comprende anche un Sesso, e le elaborazioni ed i processi di apprendimento della nostra Mente, per ripristinare un processo di crescita che molte persone hanno perso per strada.
SEGRETO n. 5: andando oltre tutte le limitazioni mentali è possibile trasformare il modo stesso con cui la mente "pensa" la sessualità.

Giorno 2:
COME VIVERE L'ORGASMO AL TOP

Parto da una saggia esortazione che spesso ci sembra un miraggio, ma che, invece, può diventare realtà: **la vita va goduta**!

Possiamo considerare il momento dell'orgasmo, sia per l'uomo che per la donna, come un riflesso incondizionato tra molti altri. L'eccitazione ed il piacere sessuale raggiungono il loro apice nell'orgasmo. E se non ci sono problemi neurologici che portano all'assenza di percezione sensoriale, godere sessualmente è istintivo e si sente, inevitabilmente.

Ad esempio, uno stimolo eccessivamente luminoso ci provoca istintivamente la chiusura delle palpebre, oppure, davanti al fuoco la nostra parte istintiva ci fa ritrarre perché ci bruceremmo la pelle se lo toccassimo. Ma c'è di più!

Le culture Tradizionali, soprattutto quelle di stampo matriarcale, insegnano che quando si vive un'esperienza orgasmica si entra in uno **stato di beatitudine**, ossia assenza assoluta della mente che controlla. Assenza di pensieri del passato (che può essere anche il momento appena precedente al presente) e/o del futuro e presenza di una condizione di "sospensione" spazio-temporale.

Si entra in contatto con la dimensione del piacere, che è la molla reale dell'evoluzione e, per chi è interessato, in contatto con il divino che è in noi, che può manifestarsi solo nella condizione di assoluto presente. In questo senso, è più appropriato parlare di **condizione orgasmica** della persona, come vedremo meglio parlando del Touch of Passion, piuttosto che di orgasmo solo genitale, perché le sensazioni di piacere pervadono tutto il bacino e poi si espandono in tutto il corpo.

Segreto n. 1: essere capaci di abbandonarsi totalmente all'esperienza sessuale fa dell'individuo una persona psicofisicamente matura.

Come ha affermato Alexander Lowen, il padre della bioenergetica, "...il pieno orgasmo è indice di salute mentale" ed è la conseguenza naturale di una vita completa.

Wilhelm Reich, medico e psicoanalista austriaco, ancor prima di Lowen, nella prima metà del secolo scorso, grazie alle sue ricerche sia in campo psicologico che fisiologico ed energetico, ha iniziato un movimento di liberazione sessuale, consapevole che la repressione della sessualità, a partire dall'infanzia, era la prima causa dell'insorgere di disturbi caratteriali e di nevrotici nell'età adulta. Per la struttura fisica del corpo, l'orgasmo è infatti un momento di intensa rigenerazione.

In realtà, il corpo si autogenererebbe sempre e naturalmente, se non subisse le continue interferenze della mente che spesso blocca il naturale fluire della vita. La sessualità, infatti, è un'area della vita che coinvolge tutto il corpo, non solo gli organi genitali; anche per questo, il blocco dell'energia sessuale provoca disturbi e disagi non indifferenti.

Un principio della fisica, infatti, è che l'energia non si distrugge, ma si trasforma: quando l'energia sessuale non viene espressa, dunque, trova altre strade che creano squilibri psico-fisici. È possibile distinguere due tipi di orgasmo: il cosiddetto **orgasmo completo** che interessa le nostre capacità sia sensoriali che motorie; e **l'orgasmo parziale**, invece, che è limitato all'area genitale ed è quello che spesso si sperimenta con la masturbazione individuale o con un partner.

Durante l'orgasmo tutto il nostro corpo vibra come attraversato da scariche elettriche, scariche di energia: una frequenza elevata di energia si raggiunge solo se abbandoniamo il controllo: questo è possibile, durante un rapporto sessuale, se ci fidiamo della persona con cui interagiamo. Con la fiducia si annullano le nostre difese per qualche momento e si aprono i nostri confini, per realizzare un'unica sintonia. Questo ci permette di fonderci con il partner, e l'unione non sarà solo fisica, ma anche a livello di emozioni e di energia.

L'orgasmo, in realtà, ci offre la possibilità di incontrare noi stessi attraverso il nostro partner; sperimentare i nostri confini, le nostre resistenze, le nostre emozioni, la nostra capacità di entrare in empatia con un altro essere, i nostri ritmi, la nostra sessualità.

Come sempre, per poter cambiare è necessaria la **volontà** e la **conoscenza** degli elementi che portano a tale cambiamento; padroneggiare questi due elementi renderà ancor più semplice prevedere e sperimentare la trasformazione. Ecco perché ti descriverò ora tutti i passaggi che, in genere, rendono completa un'**esperienza orgasmica** vissuta con un partner.

1. Il **desiderio sessuale** ed il desiderio di un contatto molto intimo sono le componenti fondamentali che portano i partner di una relazione sessuale ad incontrarsi e a darsi piacere vicendevolmente, per giungere progressivamente all'acme dell'esperienza orgasmica.

2. Coinvolgimento di tutta la persona nel coito.

3. Respirazione ansimante, che crea dei movimenti del diaframma, indispensabili per intensificare le sensazioni di piacere sessuale.

4. Armonizzazione del ritmo dei movimenti di entrambi i partner.

5. Presenza di movimenti involontari in tutto il corpo, che iniziano con le contrazioni dei muscoli pelvici.

6. Presenza di un'intensa sensazione di calore che si irraggia dal bacino a tutto il corpo.

7.Eiaculazione, nell'uomo, e contrazione dei muscoli che circondano la vagina ed il bacino, nella donna, con scarica dell'eccitazione.

8. Presenza di sensazioni piacevoli diffuse in tutto il corpo.

9. Percezione di piacere e soddisfazione.

10. Percezione di fusione tra i due partner.

11. Percezione di una sospensione momentanea delle dimensioni del tempo e dello spazio.

12. Sensazione di entrare in contatto con il pulsare ritmico dell'universo.

A. PUNTI EROGENI MASCHILI E FEMMINILI

Generalmente, si considera appagante un rapporto sessuale che, sostanzialmente si concentra nella zona genitale. In realtà, tutto il nostro corpo è cosparso di recettori sensibili al piacere; in alcune zone, ovviamente, se ne trovano in misura maggiore di altre e trasmettono sensazioni più intense.

Quando vogliamo sentire il nostro piacere e darlo ad un'altra persona, è limitante concentrarsi esclusivamente sulle zone genitali. Generalmente, il tocco è piacevole in tutto il corpo. Sperimentare i famosi "brividi" di piacere prepara il terreno all'eccitazione sessuale. Mi è capitato, nell'esperienza clinica, che miei clienti mi abbiamo raccontato di avere scoperto, con loro stupore, zone erogene in parti impensate del loro corpo, come tra le dita dei piedi, nella parte posteriore delle ginocchia, nelle ascelle o nei fianchi. Tra l'altro, quelle stesse zone, diventano, spesso, punti di intollerabile solletico, in momenti in cui non si è particolarmente aperti a ricevere piacere e quindi, ci si pone con atteggiamento difensivo verso l'altra persona.

Ti invito ad individuare sul tuo corpo i tuoi punti di solletico e prova a stimolare quegli stessi punti quando sei particolarmente eccitato/a sessualmente. Osserva se le tue sensazioni cambiano nelle due situazioni.

Segreto n. 2: quando vogliamo sentire il nostro piacere e darlo ad un'altra persona, è limitante concentrarsi esclusivamente sulle zone genitali.

Descrivi quali sono i tuoi maggiori punti erogeni e poi, condividi questa descrizione con il tuo partner:

____

____

____

____

Personalmente, sono riuscita a trasformare dei punti di solletico in energia di eccitazione scegliendo di aprirmi a sensazioni e non dando ascolto alla mente che si preparava già alla difesa dei punti del corpo conosciuti per il solletico, non per il piacere. Ogni incontro sessuale, come ogni esperienza orgasmica, sono diversi, sia per l'uomo che per la donna.

È risaputo da tempo, ormai, che la psicologia del femminile e del maschile sono completamente diverse: per la donna sensibilità di contatto, dolcezza, comprensione sono tra le componenti che contribuiscono a creare la predisposizione adatta ad un'esperienza sessuale soddisfacente; per l'uomo immediatezza di contatto sessuale, picchi di attrazione, anche visiva, verso particolari parti del corpo femminile (seni, labbra esterne della vagina, sedere), farsi agganciare da ammiccamenti ed atteggiamenti seduttivi sono modalità di espressione della sua "psicologia sessuale".

È importante essere consapevoli della diversità di base tra donna e uomo per non vivere la sensazione spiacevole di non essere compresi e di non capire il partner, e quindi passare, magari, da una situazione piacevole all'insoddisfazione o, addirittura, al litigio. I fattori che fanno di ogni esperienza sessuale, come di qualsiasi altra area della tua vita, un'esperienza unica sono:

- emozioni del momento
- contesto in cui avviene l'incontro
- livello di attrazione verso il partner
- empatia nei confronti del piacere altrui
- mente sgombra da pensieri o intasata da preoccupazioni e problemi da risolvere
- livello di autostima (che può variare in base al momento storico che si sta vivendo)

Anche le tue zone erogene possono essere diverse, e più o meno intense, rispetto ad altre persone dello stesso sesso o del sesso opposto. Dal momento che nel sesso si prova e si dà piacere al partner, è importante che tu comunichi all'altra persona le tue specifiche zone erogene e ti interessi di sapere quali sono le sue.

Se non lo hai mai fatto, e ti stai rispondendo che non conosci neanche con precisione quali siano le tue aree legate a sensazioni piacevoli, nessun problema... Ti sarà sufficiente seguire i suggerimenti e le tecniche che troverai in questo testo, e le scoprirai con facilità e naturalezza!

Gioca ed incuriosisciti del tuo corpo e di quello del tuo partner, come fanno i bambini per scoprire come funziona il mondo! Riappropriati della **sensazione piacevole del tocco**, anche al di là delle tue esperienze sessuali: carezze, massaggi e contatti corpo su corpo riaprono, di per sé, la porta della percezione tattile, che molto spesso è addormentata perché la nostra pelle, da naturale confine con l'ambiente esterno, diventa una corazza che desensibilizza. A volte, le corazze (pensa agli antichi guerrieri con le loro armature) sono utili per difendersi fisicamente e mentalmente da "incursioni" nemiche o comunque spiacevoli.

Ma tale azione di difesa diventa un problema quando alla scelta consapevole si sostituisce un condizionamento sganciato dalla realtà. È come se la pelle dicesse: "per evitare di sentire altri dolori, preferisco non sentire più né dolori né piaceri".

Segreto . 3: è importante essere consapevoli della diversità di base tra donna e uomo per non vivere la sensazione spiacevole di non essere compresi.

Il sesso non è da vivere seriosamente, e alleggerirlo da pensieri pesanti non lo fa diventare banale, ma lo rende più libero; d'altra parte, se decidi di gustarti un piatto di pasta ne assaporerai i gusti, ne sentirai il buon odore e lo digerirai facilmente se la tua mente e la tua pancia (ritenuta il nostro secondo cervello, emozionale) saranno libere da preoccupazioni, da ansie, paure (es. di ingrassare, di star male), da emozioni di rabbia (che genera il famoso "blocco allo stomaco").

È importante sapere che la donna può vivere due tipi di orgasmi:
- **orgasmo clitorideo**: la clitoride è un piccolo corpo cavernoso che si trova nella parte superiore dell'apertura vaginale (somiglia

ad un organo sessuale maschile in miniatura). È un punto molto sensibile per la donna e la sua stimolazione, anche con pressioni leggere ma continue, porta all'orgasmo.

- **orgasmo vaginale** interno che, in genere, ma non sempre, comprende un contatto con la clitoride.

Sull'onda di una mentalità "maschilista", mi è capitato solo due anni fa di ascoltare, in un congresso di sessuologia italiano, la tesi di un medico ginecologo che "dimostrava" l'esistenza del solo orgasmo clitorideo nella donna, in diretta corrispondenza con quello maschile.

La sua ricerca era basata sullo studio di testi di medicina degli scorsi secoli...! Al di là di opinioni contrastanti, come questa che ho riportato, l'orgasmo vaginale esiste, anche se, generalmente, è un po' più difficile da sperimentare rispetto a quello clitorideo.

Durante il coito, comunque, i movimenti ritmici di entrambi i corpi inevitabilmente toccano e sfregano anche la clitoride, quindi a volte diventa difficile per la donna individuare l'origine primaria della sua esperienza orgasmica. Inoltre, nella donna è stato individuato una particolare zona erogena all'interno della vagina che è stata denominata **punto G**: si trova ad un paio di centimetri dall'ingresso della vagina, nella parte superiore. Il contatto con questa parte specifica procura delle sensazioni di piacere molto intense.

Proprio negli ultimi tempi il Punto G è stato fotografato da ricercatori per mezzo di ecografie, dimostrando definitivamente l'esistenza di qualcosa che era stato strenuamente negato dai sostenitori di una visione patriarcale che nega alla donna il diritto all'orgasmo in misura analoga a quella maschile.

Nell'uomo, invece, è stato individuato un corrispettivo punto erogeno chiamato **punto L**: si trova sotto i testicoli, laddove è situata la radice dell'organo genitale.

La stimolazione di questo punto è direttamente proporzionale all'intensificarsi dell'eccitazione; comunque, la parte più sensibile si trova nella estremità superiore dell'organo sessuale, laddove inizia l'attaccatura del glande.

Segreto n. 4: il sesso non è da vivere seriosamente, e alleggerirlo da pensieri pesanti non lo fa diventare banale, ma lo rende più libero.

B. VISIONE TANTRICA DELL'ESPERIENZA SESSUALE - CENNI

Il tantra è una delle forme più antiche di crescita spirituale, considerata molto diretta e lineare, e parte tra le altre cose dal presupposto che il corpo umano è un tempio, in quanto è un'espressione del Divino, per cui attraverso il piacere e la passione è possibile raggiungere condizioni meditative molto profonde. A Khajuraho, in India, esiste un complesso di templi interamente ricoperti da sculture che raffigurano posizioni sessuali, e che il governo patriarcale musulmano voleva coprire con una colata di cemento; in realtà, tali templi costituiscono un vero e proprio trattato di meditazione.

Nelle posizioni dell'amplesso la coppia realizza condizioni energetiche estremamente sottili, utilizzate anche per la guarigione psicofisica. Nella pratica tantrica, infatti, esistono diversi modi di amplificare l'unione nel piacere fra due corpi, espressione di una coscienza senza limiti. Oggi si trovano in circolazione diversi testi che descrivono ed illustrano queste pratiche meditative; anche se troppo spesso in Occidente vengono utilizzati come pretesto per una lettura quasi pornografica, dimostrando ancora una volta come la cultura patriarcale porti le persone a trovarsi in una condizione di profondo disagio, fino ad essere incapaci di comprendere una visione diversa del sesso e della passione.

La mia intenzione è quella di prospettarti altri punti di vista, di origine orientale, che considerano l'unione sessuale un incontro tra menti telepatiche, corpi che vibrano di energia e cuori che battono all'unisono. È possibile imparare una lenta e graduale accumulazione di eccitazione sessuale, che si potenzia quando comincia a vibrare simultaneamente nei due corpi.

Un modo tantrico per iniziare un'esperienza di unione sessuale consiste nel concentrarsi reciprocamente, ad occhi chiusi, sulla visione del partner che si trova seduto di fronte a te. Da tale visione è possibile permettere la crescita progressiva dell'**energia vibratoria**, che parte dal punto energetico che si trova alla base della spina dorsale, il cosiddetto primo chakra,(di cui parlerò più avanti). A questo punto, ci si abbandona al desiderio di unione e di fusione; ciò permetterà di entrare in empatia profonda, al punto da percepire cosa sta provando il partner grazie ai tuoi movimenti. Questa fase, nella visione tantrica, è fondamentale per vivere fino in fondo l'unione sessuale.

Si tratta di una modalità di approccio assolutamente tra eguali; infatti, per esempio, nella posizione sessuale fondamentale, i corpi dell'uomo e della donna si incrociano stando uno di fronte all'altro, da seduti, con la colonna vertebrale perfettamente dritta. Non c'è un corpo che domina o sottomette ed uno che viene dominato o sottomesso, ma si sperimenta la completa unione fisica, mentale ed energetica.

Ben diversa è la visione patriarcale del piacere sessuale, che ha condizionato l'uomo e la donna a vivere l'esperienza sessuale nella posizione predominante denominata, non a caso, "del missionario" che prevede il corpo dell'uomo sopra quello della donna. Questa posizione, è stata studiata ad hoc per ostacolare l'eccitazione femminile e la sua esperienza orgasmica, e proprio per questo era insegnata e proposta dai missionari che col pretesto di "aiutare" andavano a sradicare tutte le culture in cui si inserivano a forza, soprattutto quelle libere basate sull'uguaglianza tra uomo e donna.

In essa, infatti, solo l'uomo, si trova nella posizione di "carico", ossia ha la possibilità di muovere il suo bacino in avanti e indietro, ed il contatto con le parti erogene del sesso femminile è praticamente nullo. I movimenti del bacino femminile, inoltre, sono minimizzati da questa posizione, soprattutto se l'uomo è di dimensioni corporee notevolmente superiori alle sue!

Vivere la sessualità al TOP comporta delle componenti di maturità psico-fisica, quali:

- affermare la nostra esistenza;

- conoscere il nostro corpo e le nostre sensazioni;

- affermare ed onorare l'atto sessuale che ha creato la nostra stessa vita;

- dare valore a ciò che ci dà la possibilità di pensare, percepire, vedere, toccare, udire, gustare, odorare;

- vivere liberamente il piacere;

- provare sentimenti di felicità nella vita e nell'amore;

- esprimere i nostri sentimenti attraverso il comportamento sessuale.

Questi sono obiettivi che potrai raggiungere pienamente seguendo gli stimoli di autoconsapevolezza e le tecniche che ti propongo in questo testo.

Il rapporto sessuale è una forma di comunicazione unica e molto profonda, che, all'infuori delle varie forme di devianze, unisce gli individui, va al di là delle parole e, quindi, della mente, per permettere la condivisione del piacere insito alla vita stessa.

Fantastico!

Se ancora per te non è così, seguendo i suggerimenti e gli esercizi che ti propongo lo sarà molto presto. Se ti stai rendendo conto che ti sei negato delle esperienze, finora, a causa di condizionamenti e false credenze, è giunto il momento di iniziare a vivere fino in fondo quel piacere che è tuo retaggio e diritto in quanto essere vivente!

Il livello di comunicazione che si sperimenta durante un rapporto sessuale non è consueto nella vita quotidiana, dove in genere si è abituati a difendersi dagli altri, al senso di colpa, al dolore, alla negazione del piacere, allo stress, alle corse.

Vivere la sessualità con passione è un'opportunità per:

- sperimentare il linguaggio del corpo, il contatto intimo con se stessi e con un partner

- venire abbracciati ed abbracciare, senza il limite dei ruoli o delle etichette sociali

- esprimere emozioni
- condividere segreti
- celebrare il proprio piacere sessuale e quello del partner.

Ora, ti guiderò in un percorso di auto-consapevolezza che ti aiuterà a vivere al TOP la tua vita sessuale:

A. Verifica come ti consideri sessualmente:

□ SBAGLIATO/A

□ INADEGUATO/A

□ GIUSTO/A

□ SICURO/A

□ SODDISFATTO/A

Riporta su un'agenda le tue risposte, e confrontale con quelle che scriverai a distanza di tre mesi dall'inizio di questo percorso.

B. Elenca tre situazioni della tua vita sessuale soddisfacenti e celebrative:

1.____

____

____

2.____

____

____

3.____

____

____

Descrivi in maniera accurata queste situazioni.

____

____

____

____

C. Osserva quando ti trattieni sessualmente, ossia eviti di esprimerti e perché.

Descrivi tre situazioni:

QUANDO____

____

____

PERCHÉ____

____

____

QUANDO____

____

____

PERCHÈ____

____

____

QUANDO____

____

____

PERCHÈ____

____

____

Conserva queste tue riflessioni, e fra tre mesi rispondi nuovamente a queste domande per confrontarle.

Ti suggerisco di abbandonare questo comportamento di trattenerti sessualmente ed avere fiducia in te stesso/a e nelle tue relazioni.

D. Conosci qualcuno in particolare con cui ti senti a tuo agio dal punto di vista sessuale?

CHI____

____

PERCHÈ_______________________________________

____

Se sei ancora in relazione con questa persona, comunicaglielo.

E. Ricorda quando sei stato/a tuo agio sessualmente e perché:

____

____

____

F. Osserva il tuo corpo e le tue posture:

- abitualmente, in quale posizione tieni il bacino (in avanti o indietro rispetto alle gambe)?

____

____

- lo senti mobile o rigido?

____

____

- tieni il ventre in dentro ed il bacino in avanti o al contrario?

____

- abitualmente, trattieni il fiato o ti lasci anche andare a respiri profondi?

____

- se ti capita di trattenere il respiro o fare respiri corti, in quale situazione ti rendi conto di farlo e con chi?

____

____

____

____

- chiudi gli occhi e porta la tua attenzione sui tuoi adduttori, ossia i muscoli della parte interna delle cosce, muovi le gambe da seduto/a e sentili.

sono contratti o rilassati?

- soffri di dolori nella parte lombo-sacrale della tua colonna vertebrale? Se si, da quando?

- come senti le tue gambe quando sei in piedi?

- sono deboli e instabili, o solide e a contatto con il pavimento? (se ti vengono in mente anche altri aggettivi, aggiungili)

Dedicati dei momenti di contatto con te stesso/a, durante i quali proponiti di scoprire il linguaggio del tuo corpo: una parte della tua storia personale è espressa proprio dalle tue posture e da come ti muovi nello spazio.

Descrivi in maniera accurata le prime riflessioni che ti affiorano e conservale per poterle confrontare con le risposte che ti darai fra tre mesi, a partire da questo momento.

Imparare a controllare con consapevolezza ciò che percepisci attraverso i tuoi sensi è di fondamentale importanza per acquisire padronanza di te stesso/a e delle tue azioni.

Leggi ciò che è indicato di seguito solo dopo che avrai scritto le tue risposte, portando attenzione alle sensazioni del tuo corpo.

GLI AMANTI: CHE PIACERE!

Come individui che vivono immersi in un mondo di relazioni, consideriamo fondamentali per la nostra esistenza tutti quei modi di interazione che presuppongono l'ambiente: confronto, condivisione, attrazione, repulsione, etc. Quindi, per vivere pienamente la sessualità è indispensabile l'incontro con un altro essere umano. Considera la parola "amante". In genere fa pensare a relazioni promiscue, da nascondere o di cui vergognarsi. In realtà, questo termine indica la persona con la quale si amoreggia, si scambiano sentimenti di amore…

E perché il tuo partner non può essere il tuo amante? Le parole portano con se l'energia legata ai loro significati. Se ti proponi di guardare il tuo partner con gli occhi dell'amante, piuttosto che del compagno/a o del marito/moglie (etichette sociali che in genere limitato la completezza di espressione personale), ti accorgerai di essere disposto ad usare con lui o lei ancora, come nella fase di innamoramento, il tuo fascino seducente, la tua voglia di complicità e di gioco passionale, il tuo desiderio di piacerti e piacere.

Il condizionamento sociale profondo che in genere viviamo ci dice che con il partner "fisso", fidanzato/a, compagno/a o marito/moglie che sia, dopo un certo periodo di tempo si entra inevitabilmente nella corsia della normalità, dalla quale è bandita ogni situazione frizzante, imprevista, nuova, appetitosa, trasgressiva, sessualmente accattivante ed eccitante… Questo non è vero!

Benessere, **soddisfazione** e **amore** verso se stessi e verso il partner sono gli ingredienti ideali per vivere pienamente la sessualità. Proponiti di agire solo in direzione di ciò che soddisfa contemporaneamente te ed il tuo partner, senza doveri. Questo crea rispetto verso te stesso e verso l'altra persona, basato sui vostri valori condivisi e che autodeterminate.

Segreto n. 5: benessere, soddisfazione e amore verso se stessi e verso il partner sono gli ingredienti ideali per vivere pienamente la sessualità.

RIEPILOGO DEL GIORNO 2:

SEGRETO n. 1: essere capaci di abbandonarsi totalmente all'esperienza sessuale fa dell'individuo una persona psicofisicamente matura.

SEGRETO n. 2: quando vogliamo sentire il nostro piacere e darlo ad un'altra persona, è limitante concentrarsi esclusivamente sulle zone genitali.

SEGRETO n. 3: è importante essere consapevoli della diversità di base tra donna e uomo per non vivere la sensazione spiacevole di non essere compresi.

SEGRETO n. 4: il sesso non è da vivere seriosamente, e alleggerirlo da pensieri pesanti non lo fa diventare banale, ma lo rende più libero.

SEGRETO n. 5: benessere, soddisfazione e amore verso se stessi e verso il partner sono gli ingredienti ideali per vivere pienamente la sessualità.

Giorno 3:
COME SEDURRE: SUPERUOMO E SUPERDONNA

Quando rifletto sul potere espresso delle parole, mi piace, a volte, consultare dei dizionari per esaminare quali accezioni di forma vengono attribuite a delle parole. Per parlarti della *seduzione*, ho voluto cercare il suo significato in un vocabolario abbastanza aggiornato, e guardate cosa ho trovato come primi due significati:

- istigazione al male con lusinghe o inganni

- attrazione, fascino, tentazione

Voglio commentare questi punti di vista e poi proporti di trovare il tuo. Con una battuta, direi che queste definizioni esprimono una lettura della realtà cattolico-patriarcale! Mi sembra di sentire l'eco "anatema!", "scappiamo!", "via da me!", etc.. In effetti, la cultura patriarcale millenaria che ha pervaso molte parti del nostro pianeta e quella giudaico-cristiana hanno demonizzato molti comportamenti relativi alla sfera sessuale.

Personalmente, ho subìto molto questi condizionamenti finalizzati a reprimere la mia sessualità.

Fino a qualche anno fa provavo vergogna nel mostrarmi, nel mostrare il mio corpo. La vicinanza di un maschio mi faceva intimidire e arrossivo immediatamente, e all'improvviso la mia mente aveva pensieri del tipo: "chissà cosa sta pensando di me, quali fantasie sessuali si sta costruendo su di me, chissà cosa vorrebbe fare con me...ma io sono pronta a fuggire...col piede già pronto per lo scatto etc. etc..
Molto spesso, portavo i pantaloni e mi piaceva imitare lo stile maschile (c'è stato un periodo della mia adolescenza in cui indossavo, a volte le giacche con le cravatte!). Quando non portavo i pantaloni, vestivo comunque "casta" (gonne lunghe, maglioni lunghi e larghi, che non lasciavano intravedere alcuna forma, in modo da nascondere eventuali ondeggiamenti del bacino – troppo volgari! - seno ben coperto...).

Quando sentivo salire in me l'eccitazione sessuale stringevo subito i muscoli interni delle gambe che poi ho scoperto chiaramente, permettono di sentire il clitoride, ma è anche vero che sbarrano la strada a sensazioni piacevoli più complete e chiudono fuori il mondo circostante.

I muscoli interni delle cosce, proprio per queste ragioni, sono denominati "muscoli della moralità", ecco perché è importante scioglierli.

Oggi ho 40 anni e mi fa un certo effetto rivedere mie fotografie di quel periodo. Faccio fatica a riconoscermi, perché in realtà non sono più la stessa persona (fortunatamente!).

Mi guardo indietro, soddisfatta per aver voluto mettere in moto le mie potenzialità per cambiare, per avere accettato la sfida di "non attaccamento" a ciò che ero, aver superato ostacoli, barriere mentali e sociali fino ad essere ciò che sono.

Per diventare psicoterapeuta ho dovuto intraprendere una terapia personale, fortunatamente, prima di essere abilitata alla professione.

Quindi, il mio cambiamento è iniziato lì, ma ho continuato poi da sola a ricercare, a pormi domande su me stessa, a confrontarmi con altri, cercare persone che mi potevano dare i loro punti di vista, a pormi degli obiettivi per la mia personale crescita, etc.

Ed ecco perché posso essere qui, adesso, a parlarti serenamente, come terapeuta e come donna, di come è possibile che questa trasformazione del tuo rapporto con la sessualità, ovviamente nel tuo modo unico ed irripetibile, possa essere sperimentata anche da te, indipendentemente dai tuoi schemi mentali attuali e passati, dalla tua storia e dai condizionamenti che fino a ieri hanno determinato le tue scelte e la tua vita.

Il "maschio" per potere assolvere ai suoi compiti di predominio, si è assegnato il ruolo di protettore e "gestore" della donna. È ovvio che di questi condizionamenti è rimasto vittima anche lui (sempre proteso a dover dimostrare la sua forza – esteriore – tralasciando così di coltivare altre qualità e capacità potenziali).

In questa prospettiva, la sessualità ha dovuto inscatolarsi per moltissimo tempo nella casella "procreazione", per assolvere la quale non era necessario che la donna provasse piacere dai rapporti sessuali e l'uomo non era necessario che conoscesse la donna, la sua psicologia e la sua indole. La seduzione da parte della donna era considerata tanto più diabolica - roba da streghe – quanto più se ne aveva paura (la donna diventava ingestibile!).

Ti invito a rileggere le due definizioni che ho riportato all'inizio di questo capitolo ed ascoltare quello che ti suscitano.

Se avessimo l'opportunità di confrontare le suggestioni del femminile e del maschile, probabilmente scopriremmo punti di vista molto diversi.

Ma sono veramente tuoi questi punti di vista? Dedicaci un momento di meditazione e datti delle risposte. Porti delle domande è un ottimo modo per scoprire le **tue** risposte (sembra un pensiero zen...forse lo è, nella sua ovvietà!). I pensieri e i giudizi che le due definizioni del vocabolario italiano suscitano a me sono:

comportamento negativo

comportamento da punire

senso di colpa

senso del peccato

mente diabolica

Al di là di questi pensieri, che mi auguro non ti condizionino, trova il tuo senso della seduzione, rispondendo a questi stimoli di riflessione.

Stampa il questionario che trovi di seguito, conserva le risposte e confrontale con quelle che darai fra tre mesi, a partire da ora.

1) Cosa è per te la seduzione?

____

____

____

2) Come pensi si possa esprimere?

____

____

____

____

3) Come la mente ti dice di **non doverla** esprimere?

____

____

____

4) Come pensi di poterla esprimere **tu**?

____

____

____

5) Come **vuoi** esprimerla?

____

____

____

6) Quali effetti può avere nella tua vita sessuale?

____

____

____

7) Quali effetti può avere nelle tue relazioni sociali?

____

____

____

8) Quali possono essere gli effetti su di te?

____

____

____

____

9) Quali possono essere gli effetti su chi sente la tua seduzione?

____

____

____

10) Come pensi di gestire tali effetti?

____

____

____

11) Ne hai paura? Se sì, perché?

____

____

____

____

12) Cosa temi che possa accaderti?

____

____

____

13) Cosa temi possa accadere nella relazione con l’altro?

____

____

____

14) Quale effetto ti farebbe essere seducente tra una moltitudine di gente?

____

____

____

15) Cambierebbe qualcosa? Se sì, cosa?

____

____

____

Nei prossimi giorni, proponiti di sperimentarti in una di queste situazioni.

Immaginati mentre sei seducente.

Visualizza come saresti e quali sensazioni vivresti.

Come ti vestiresti?

Come sarebbe il tuo sguardo?

Con qualcuno useresti le parole, oltre ai messaggi non verbali?

Dopodiché agisci nella realtà.

La seduzione produce naturalmente attrazione che può essere sensoriale, corporea, e mentale. In genere, queste componenti si combinano e si potenziano fra di loro; è una capacità che condividiamo con altri esseri viventi. Pensa agli atteggiamenti, ai movimenti, ai versi, agli odori di un gatto che vuole sedurre una gatta, oppure alle danze per sedurre, anche molto complesse, messe in atto da animali come i pavoni…

Segreto n. 1: la seduzione produce naturalmente attrazione che può essere sensoriale, corporea, e mentale.

Anzi, molte specie animali potrebbero essere degli ottimi maestri per tanti esseri umani! A cominciare dal fatto, ad esempio, che gli animali non "violentano" i loro simili…

Quando si vive in maniera armoniosa il rapporto con la propria sessualità, la propria passionalità, la propria capacità e scelta di provare piacere, la seduzione diventa un gioco che può essere espresso anche al di là di scopi specifici.

Penso che qualche volta ti sia capitato, donna o uomo che tu sia, di accorgerti in un secondo momento che eri osservato/a da qualcuno, attratto da te per il tuo modo di muoverti, o di parlare, o di gesticolare, per il tuo profumo o i tuoi abiti, le tue forme fisiche, per i tuoi tratti somatici, etc. In quei casi, anche senza una scelta consapevole, la tua persona avrà sprigionato un'energia di seduzione che viene colta da altre persone, che pur non hanno l'obiettivo specifico di interagire con te. Tutto avviene naturalmente, nel gioco di attrazione di energie.

La seduzione esercita anche un potere **verso** altri, ma non necessariamente si tratta di un potere **sugli** altri, quindi di dominanza. La donna, in particolare, è spesso più consapevole nell'uso di questa qualità, che può essere utilizzata per condizionare, manipolare intenzionalmente, ma può anche essere un naturale gioco di attrazione.

Qualche anno fa mi trovavo nel Sequoia Park, nel nord della California. Tra questi alberi giganteschi, ce ne erano alcuni il cui tronco formava come dei ponti sotto cui era possibile passare, chinandosi un po'. Per passare sotto uno di questi alberi si era formata una piccola fila di curiosi che, come me, volevano vedere l'albero dall'interno, toccando la parte centrale del "ponte".

Quando mi inchinai per passare, dall'altra parte il mio sguardo si posò su un tizio che era rimasto a fissare la mia gonna, anzi quello che c'era sotto dal momento che nel passaggio si era completamente sollevata. Osservai subito dopo che i suoi occhi puntati su di me non erano quelli dell'uomo che, pieni di libido alla "Fantozzi", era in preda a irresistibili "tentazioni", ma erano quelli di una persona viva, gioiosa e piena di luce, in un momento di assoluta vita presente e di risveglio alla vita. In quel momento, catene associative della mente, eventuali preoccupazioni si sono momentaneamente sospesi per vivere nell'attimo. Il mio intento non era certo quello di sedurre consapevolmente, oppure di dominare o manipolare, ma quello di immaginarmi come uno di quegli gnomi che abitano dentro case con pareti di corteccia...un pensiero molto ingenuo e personale!

Nelle culture matriarcali, la donna impersonava il potere della Dea creatrice, di passione e di armonia del quale beneficia essa stessa ed anche gli uomini.

Si utilizzavano correntemente esperienze di meditazione connesse direttamente con gli organi genitali, come ad esempio connettersi visivamente, senza contatto fisico, con i genitali femminili o maschili per percepirne l'energia, unirla con la propria ed usarla, infine, come strumento di guarigione verso l'esterno.

Penso che molti di voi conoscano personalmente o abbiano sentito parlare della scena più famosa del film "Basic Instinct" di

Sharon Stone, in cui l'attrice usa la seduzione come arma per difendersi da due poliziotti pronti a "lapidarla". Nella scena entrata nella storia del cinema, accavallando le gambe si intravedono il suo pube ed i genitali, e questo fa andare nel pallone i due poliziotti, tanto da far loro dimenticare le emozioni ed i pensieri di dominio che essi avevano fino ad un attimo prima nei confronti della donna "diabolica".

In quel momento, il potere esercitato dai genitali della donna ha superato quello dei due poliziotti, al di là di qualsiasi "mercificazione" e "oscenizzazione" creata dal marketing e dalle culture patriarcali. Sharon Stone ha interpretato molti film, ma quella scena è rimasta impressa così tanto da essere considerata di massima eccitazione nell'immaginario collettivo.

Scoprire il piacere di essere capaci di sedurre e di eccitare è un buon modo, sia per la donna che per l'uomo, per comprendere ancor di più i due modi, femminile e maschile, di provare piacere. Questo permette di esprimere il proprio potere personale, che qui si manifesta nella consapevolezza di usare dei comportamenti per creare attrazione, per creare cambiamenti improvvisi in una situazione. La donna e l'uomo, esprimono in modo diverso il potere della seduzione, ma questo, quando è naturale, non porta a scontri o a lotte, bensì ad incontri di sguardi, di piaceri, di intenti, di condivisione.

Ovviamente, ogni genere di comportamento può avere diversi tipi di risvolti in base alla personalità che lo adotta. Quindi, non ha senso parlare della seduzione in maniera oggettivamente positiva o negativa. Ti ho trasmesso, però, come può essere usata in funzione di esercitare il tuo potere personale, anche al di là di scopi sessuali.

Segreto n. 2: scoprire il piacere di essere capaci di sedurre e di eccitare è un buon modo, sia per la donna che per l'uomo, per comprendere ancor di più i due modi, femminile e maschile, di provare piacere.

Per scoprire il tuo rapporto con la seduzione, segui questi suggerimenti:

Per la Donna: proponiti di usare la seduzione per te stessa, per scoprire il tuo piacere nell'usarla. Ad esempio, compatibilmente con le tue attività, scegli dei momenti in cui abbigliarti alla "Sharon" e sentire che effetto ti fa e quale riposta può suscitare in colui o colei che si imbatterà "per caso" in questa "visione"!

L'idea di "rubare un'immagine" scombina mentalmente molto più che vedere persone totalmente nude, come accade ad esempio nelle spiagge nudiste; il mio suggerimento non ha niente a che vedere con l'esibizionismo o il voyeurismo, entrambi indici di problematiche psicologiche. Riguarda invece lo scoprire tutto ciò che è in tuo potere usare, senza nuocere oggettivamente a te stessa o ad altri esseri. La donna sessualmente libera (che sa di poter vivere il sesso senza vergogna o inibizioni) viene temuta e, sembra paradossale, viene rispettata maggiormente.

Per l'Uomo: proponiti in qualche momento di lasciarti sedurre, di gustarti di rimanere passivo, senza temere la donna ed in contrapposizione al tuo innato schema mentale del "dover" produrre, dover fare, dover conquistare, dover mostrare.

La passività-attiva, come la chiamo io quando ne parlo con gli uomini (...attiva perché è scelta, e non perché sia inevitabile), non è un vissuto molto conosciuto dal maschio; infatti, quando li invito a sperimentarla, molti mi riferiscono di sentirsi a disagio. Prova, per esempio, a gustare il piacere insito dell'accettare il fatto che qualcun altro/a si prenda cura di te e, ovviamente, non mi riferisco solo nell'ambito delle relazioni sessuali con il partner.

Pensa ad un fantasma. Che cos'è se non un'entità che non ha consistenza, che ha realtà solo se noi gliela costruiamo? È un'immagine creata dalla fantasia, che può diventare un'ombra, o, peggio ancora, uno spettro. L'emozione che in genere suscita è la paura.

Quando indossiamo un abito che in realtà non ci piace o ci sta stretto, come quello di essere "super", al di là di ogni naturalezza, o spontaneità o debolezza, in realtà non siamo nel nostro pieno potere personale di esseri liberi, capaci si affermarci per ciò che siamo e vogliamo essere.

La persona libera e matura non teme di mostrarsi come è realmente perché ha consapevolezza di guidare in prima persona la sua vita, le sue relazioni, le sue scelte, le sue affermazioni, i suoi piaceri, i suoi orgasmi!

Ogni etichetta, aspettativa o condizionamento dell'ambiente ingabbiano e limitano. Credere fortemente ad un'idea specifica che ci siamo costruiti di noi stessi limita le nostre percezioni e non ci permette di fare esperienza su come possiamo essere e su chi possiamo diventare.

Segreto n. 3: la persona libera e matura non teme di mostrarsi come è realmente perché ha consapevolezza di guidare in prima persona la sua vita.

Essere guidati da obiettivi, dopo essersi ascoltati interiormente, lascia anche spazio, invece, a imprevisti, a nuovi percorsi per conseguirli. Molti maestri dicono, in ultima analisi, che una volta stabilita una meta essa non è più importante: ciò che conta è il viaggio per arrivarci, ossia il "come".

Ricordo ancora vividamente quando desideravo molto realizzare il mio sogno di lavorare come psicoterapeuta, esclusivamente da libera professionista. Desideravo, ma non agivo perché quel sogno diventasse realtà. Mi sentivo "super" in diversi ambiti, gli altri avevano questa immagine di me, ma non decidevo ancora di ***super****are l'inerzia per mettere in moto la realizzazione del mio obiettivo primario.*

Fin quando... Ero al mio nono anno di impiego pubblico (entrate economiche sicure, forse possibilità di carriera, ferie assicurate, bla bla bla), quando decisi di ascoltare la voce del mio desiderio e chiesi il part-time.

Che soddisfazione! Finalmente potevo dedicare parte del mio tempo e delle mie energie al lavoro psicoterapeutico.

Fin quando... L'anno successivo decisi di dare le dimissioni volontarie dall'impiego pubblico, cambiai città e regione e rinacqui realmente per la seconda volta: nuove difficoltà, nuovi apprendimenti, nuovi traguardi, nuova identità, nuove attrazioni, nuove relazioni, nuova passione nella vita.

Ognuno di noi ha molte potenzialità e molte di queste, probabilmente, rimarranno non sperimentate per l'intera vita o ci accorgeremo di possederle a 90 anni.

Ma perché non rendere più piacevole **ora** la nostra esistenza, scoprendo il potere di espandere il nostro essere e le nostre capacità, sperimentando di agire in più direzioni, anche le più inaspettate ed impreviste?

Il **fantasma del super uomo** è figlio di tutti i tempi: dall'uomo cacciatore, che decide quali terre invadere per cercar cibo dell'inizio del patriarcato, all'uomo potente che nega di mostrare fragilità o debolezze e sottomette per paura di doversi misurare alla pari.

Il **fantasma della super donna** è figlio degli ultimi decenni, e si interseca fortemente con quello, atavico, che considera la donna, da una parte, il simbolo della tentazione sessuale e causa di "peccato" per l'uomo (ecco perché la sua sottomissione per molto tempo in tutti gli ambiti), dall'altra il simbolo della purezza, della verginità, dell'essere immacolata, di impronta cristiana. La super donna, oggi, è diventata colei che domina, che si tampona le mestruazioni per non avere fastidi durante la sua vita professionale e sociale, che diventa manager **come** l'uomo.

La **condizione ottimale**, a cui ci stiamo avvicinando proprio a partire da questi nostri anni, è il raggiungimento di una situazione di complementarietà, nel rispetto delle nature diverse tra uomo e donna.

Segreto n. 4: la donna, diretta manifestazione della passione, non ha bisogno di aggressività e sottomissione per esprimere se stessa, ma ha bisogno, semmai, dell'approccio razionale maschile per radicarsi ancora più nella terra.

L'uomo, in maniera complementare, non ha bisogno di aggredire e sottomettere per esistere ed identificarsi, ma semmai dell'approccio intuitivo per bilanciare il controllo mentale, conseguenza dell'eccessiva razionalità.

Segreto n. 5: il "super" sta nell'essere in armonia con se stessi, nell'esprimere se stessi, potenziando ognuno le proprie capacità e completandosi con altri esseri che posseggono altre qualità o con i quali si condividono interessi simili.

Adesso, ti propongo degli spunti di riflessione per raggiungere la condizione ottimale. Stampa il questionario, datalo, e rispondi a queste domande. Fra tre mesi rispondi nuovamente agli spunti di riflessione e confrontali con quelli precedente per osservare i tuoi cambiamenti.

Cosa vuoi esprimere sessualmente?

____

____

____

____

____

1) Come vuoi esprimere ciò che hai scelto di essere?

____

____

____

____

____

2) In quale ambito **puoi** esprimere al meglio ciò che hai scelto di essere?

____

____

____

____

3) In quale ambito **vuoi** esprimere al meglio ciò che hai scelto di essere?

____

____

____

____

4) Ci sono impedimenti o obiezioni personali importanti che limitano il tuo esprimere ciò che hai scelto di essere?

____

____

____

____

5) Descrivi un bilancio tra costi e ricavi, in relazione a ciò che hai scelto di esprimere

____

____

____

____

6) Descrivi un bilancio tra costi e ricavi, in relazione a ciò che hai scelto di **non** esprimere

____

____

____

____

7) Ti senti “super”? Se sì, in quale ambito?

____

8) Per te esserlo è una limitazione o un'opportunità e un piacere?

9) In quale modo puoi esprimere l'essere "super" senza fatica?

10) Quali tipi di feedback, di risposte o reazioni ricevi dagli altri nell'essere super?

____

____

____

Se nella vita ti senti sempre super, proponiti per una settimana di sentirti normale. Se nella vita ti senti sempre normale, proponiti per una settimana di sentirti "super".

Osserva attentamente l'effetto che fa essere nel modo opposto a quello conosciuto, che, in qualche modo, dà sicurezza. Osserva quali difficoltà incontri a cambiare i tuoi schemi mentali. **Gioca** ad impersonare i nuovi schemi, per non permettere alla mente di frenarti.

Consapevolizza che è possibile cambiare e che il gioco può diventare realtà!

RIEPILOGO DEL GIORNO 3:

SEGRETO n. 1: la seduzione produce naturalmente attrazione che può essere sensoriale, corporea, e mentale.

SEGRETO n. 2: scoprire il piacere di essere capaci di sedurre e di eccitare è un buon modo, sia per la donna che per l'uomo, per comprendere ancor di più i due modi, femminile e maschile, di provare piacere.

SEGRETO n. 3: la persona libera e matura non teme di mostrarsi come è realmente perché ha consapevolezza di guidare in prima persona la sua vita.

SEGRETO n. 4: la donna, diretta manifestazione della passione, non ha bisogno di aggressività e sottomissione per esprimere se stessa, ma ha bisogno, semmai, dell'approccio razionale maschile per radicarsi ancora più nella terra.

SEGRETO n. 5: il "super" sta nell'essere in armonia con se stessi, nell'esprimere se stessi, potenziando ognuno le proprie capacità e completandosi con altri esseri che posseggono altre qualità o con i quali si condividono interessi simili.

Giorno 4:
COME VIVERE LA SESSUALITÀ FINO IN FONDO

Siamo in buona salute quando **equilibrio** fisico, sessuale, emozionale e mentale formano un unico insieme che funziona armoniosamente. Godere di buona salute non vuol dire solo non avere problemi o malattie, ma vuol dire:

- usare un corpo che ha notevoli e numerose capacità e che vibra di vita;
- esprimere in maniera globale sessualità, passione e capacità di provare piacere;
- conoscere, essere padroni e sapere esprimere le emozioni;
- sapere usare la mente per elaborare le esperienze, trarne delle conseguenze, fare previsioni, pensare al passato e confrontarlo con il presente, assegnarle il controllo su ciò che le compete e non assecondare il desiderio di controllo di fronte ad

esperienze nuove, alle emozioni che, per esprimersi, hanno bisogno di fluire senza ostacoli.

Osservando il tuo corpo puoi ottenere delle comprensioni illuminanti sul tuo modo di vivere sessualità e passione.

Un corpo pieno di energia sessuale è:

- libero da blocchi e tensioni muscolari;
- si muove armoniosamente;
- sente il ritmo della vita che ha dentro e che scandisce lo stesso battito del cuore;
- è capace di movimenti spontanei;
- ha sensibilità corporea;
- sa respirare profondamente;
- non ha paura di confrontarsi con l'esterno.

Come ho già accennato, il corpo esprime le esperienze vissute dalla mente anche con le sue posizioni abituali. Riguardo alla sfera sessuale, quando il bacino tende a stare in avanti rispetto all'asse della colonna vertebrale e, di conseguenza, la parte bassa dell'addome forma un'incavatura, le sensazioni sessuali vengono bloccate e tutta la zona è contratta proprio per controllare tali sensazioni.

Se il bacino è tenuto in avanti, si trova nella situazione di "scarica" (ossia da quella posizione non può accumulare energia), come un orologio a pendolo che per poter battere ha bisogno di un movimento in levare. Se, infatti, il bacino è tenuto leggermente indietro e non sbilanciato rispetto alla colonna vertebrale, si trova nella situazione di "carica". Quindi, ha ancora a disposizione il movimento in avanti e può far fluire l'energia sessuale.

Segreto n. 1: per sentire scorrere l'energia sessuale liberamente è necessario riportare il bacino nella sua condizione naturale di mobilità ed alle sue capacità ondulatorie.

Prova a **respirare e, contemporaneamente, ondulare il bacino, in avanti e indietro** e ti accorgerai che, in maniera naturale, il respiro sarà più lungo e profondo e tu sarai più presente a te stesso. Porta la tua attenzione sul bacino anche quando cammini. Esso tende naturalmente ad ondulare per assecondare lo spostamento alternato delle anche.

Questo movimento, in genere è più visibile nelle donne, ma sarebbe auspicabile che anche gli uomini ammorbidissero il bacino con esercizi di ondulazione avanti/indietro e destra/sinistra.

Sperimenta in un tuo spazio di muovere il bacino e contemporaneamente piegare il capo a destra e a sinistra, in maniera opposta all'ondulazione. Senti quanto ampie possono essere queste ondulazioni e questi piegamenti. I condizionamenti ed i tabù relativi all'area della sessualità, purtroppo hanno fatto atrofizzare questi tipi di movimenti, per non attrarre lo sguardo e i desideri altrui, relativamente alle donne, e per non essere giudicati eccessivamente femminili o omosessuali, relativamente agli uomini.

Senti, inoltre, i muscoli interni delle cosce: stirali piegandoti sulle ginocchia ed inarcando indietro la schiena, e rilassali muovendo, stando in piedi, entrambe le gambe contemporaneamente.

Questo ti permetterà di cominciare a sciogliere eventuali irrigidimenti cronici in questa parte del corpo.

LA MASTURBAZIONE

Quando ti trovi in mezzo alla gente, prova a guardarti intorno con la consapevolezza che tutti coloro che ti circondano, a partire dall'adolescenza, si sono masturbati. È un modo per considerare il tuo prossimo da altri punti di vista (insoliti, mi rendo conto!) e considerare diversamente il tuo rapporto con la masturbazione. La mia intenzione non è certo quella di trasmetterti la mentalità perversa del maniaco sessuale che vede organi sessuali in ogni dove!

Segreto n. 2: semplicemente, considera che osservare gli altri come esseri umani che come te hanno una loro vita sessuale, compresi i tuoi genitori, contribuisce a smontare piedistalli immaginari su cui, magari, puoi vederli e a rafforzare anche la tua autostima.

Ebbene sì, anch'io ho imparato ad usare la masturbazione, senza diventare per questo cieca o deforme (credenze molto diffuse fino a qualche quinquennio fa, in quei contesti culturali e sociali sesso-fobici).

La masturbazione è il primo modo, in genere, in cui l'individuo inizia il suo viaggio di scoperta della propria sessualità e del corpo, nella sua totalità. Essa rappresenta anche un elemento fondamentale dell'accettazione di se stessi e delle proprie sensazioni di piacere.

Nel bambino, sia di sesso maschile che femminile, le sensazioni di piacere, generalmente, sono diffuse in tutto il corpo. Esso è tutto fonte di piacere, con una lieve accentuazione nelle zone dei genitali. Spesso questa prima fase di scoperta del proprio piacere viene accompagnata da sensi di colpa e da ansie per via dei pudori trasmessi dai genitori o per altre dinamiche e, quindi, le prime pulsioni sessuali possono essere trattenute o comunque nascoste.

È capitato a molti di noi, da bambini, di essere stati scoperti da un adulto durante giochi innocenti di automanipolazione, e di essere stati rimproverati per questo, additati, a volte in modo molto aspro.

Avevo circa 5 anni quando io ed una mia cuginetta fummo scoperte mentre ci lavavamo in terrazza, d'estate, da nude. In realtà il nostro scopo non era lavarci, ma toccarci e scoprire i nostri corpi: tettine, culetto e "fiorellino". Sua madre venne a cercarci e ci sorprese mentre facevamo questo gioco. Ricordo di essermi vergognata molto. Credo che sia stata proprio quell'esperienza a farmi sentire il senso del pudore e cominciai a non volere fare più il bagno nella vasca, insieme con mio fratello, cosa che mi aveva sempre divertito perché giocavamo per tanto tempo.

Ecco che si apprende con facilità l'associazione *toccare il mio corpo provandone piacere - paura di ricevere punizione e disapprovazione.*

In genere, il genitore, o comunque l'adulto, reagisce in tale modo perché non sa gestire il proprio imbarazzo di fronte a questa situazione imprevista. Si vergogna lui stesso della sua masturbazione o di ciò che riguarda, comunque, la sua vita sessuale.

La mancanza di informazioni sullo sviluppo sessuale del figlio lo porta a commettere l'errore di fissare eccessivamente l'attenzione su questi comportamenti di autoerotismo e farlo diventare un problema anche per il bambino.

Tra l'altro, le minacce di punizione sortiscono solo il risultato di accentuare il comportamento e farlo associare all'ansia di essere scoperti dal fare qualcosa di proibito. Se hai dei bambini intorno a te, ti suggeriscono di tornare con la memoria alla tua infanzia e a come avresti voluto che i tuoi genitori si comportassero con te.

Questo, in genere, è un buon modo per attingere alla parte intuitiva di te stesso e incorrere, quindi, in meno errori "educativi", nel presente o in futuro. Spesso, in età adulta, molti di noi hanno continuato a mantenere questo rapporto distorto con il corpo, attraverso la masturbazione.

Personalmente, ho acquisito a circa 30 anni un comportamento di naturalezza verso questa modalità di autoconoscenza ed autoerotismo, senza essermi mai chiesta prima se questa assenza di contatto con me stessa fosse naturale, malgrado i miei studi in psicologia e le mie specializzazioni (direi che "l'erba del vicino è sempre... diversa" !). Ciò non è stato normale!

Segreto n. 3: l'incontro equilibrato e piacevole con un altro essere umano, dal punto di vista sessuale, in realtà, non può prescindere da una conoscenza ed accettazione della propria sessualità.

Evolutivamente, autoerotismo ed incontro sessuale con altri individui sono consequenziali. Solo così, nell'età adulta si sentirà di voler prediligere la relazione sessuale alla masturbazione perché più coinvolgente e completa, ma questo non vorrà dire negare l'altro aspetto.

1) IL RAPPORTO CON IL CICLO MESTRUALE

Questo argomento che sembrerebbe riguardare **solo** le persone di sesso femminile, in realtà riguarda l'essere umano e non è avulso dal vivere in maniera equilibrata la propria vita sessuale.

Ti chiederai perché... Benissimo! Ovviamente, la donna ha un rapporto diretto e privilegiato con il ciclo mestruale che, non a caso, corrisponde al ciclo lunare e a molti altri avvenimenti ciclici che sono espressione della vita su questo pianeta (es. nascita e morte, giorno e notte, sole e luna, etc.). È importante che anche l'uomo conosca il senso profondo di questa esperienza ciclica del femminile per potere completare, usando la sua mente e, quindi la conoscenza, un'esperienza di pulizia e purificazione ciclica che a lui manca.

Segreto n. 4: la mancanza di empatia dell'uomo riguardo alle "cose di donna" ha portato nei secoli alla negazione di quest'area che, dal mondo maschile si è poi trasferita a quello femminile.

Dal punto di vista antropologico ed evolutivo della specie umana, sono accadute tante vicende, si sono vissuti tanti condizionamenti che sarebbe lungo descrivere qui. Comunque, uno degli effetti di queste vicende è stato il senso di vergogna creato intorno all'evento mestruale, il considerarlo un ennesimo tabù (infatti molte donne ancora oggi denominano le mestruazioni "le mie cose"), l'associarlo allo sporco. Pensa un po' quale capovolgimento di un evento naturale è stato capace di fare l'essere umano.

Oggi più che mai, con la vita frenetica e super impegnata che conducono molte donne, è diventato quasi indispensabile "tapparsi" per non sentire il fastidio mensile delle mestruazioni e poterle nascondere anche a se stesse. Questo è innaturale!

Qualche anno fa ho condotto una ricerca sperimentale proprio sull'argomento. Sottoponendo ad indagine, attraverso un questionario, un campione casuale di 125 donne italiane, di età compresa tra i 25 e i 46 anni, è risultato che il 76% delle donne soffriva di disturbi legati al ciclo mestruale (sbalzi di umore, irritabilità, dolori addominali e renali, desiderio di isolarsi, pensieri depressivi, etc.).

Per il 64% delle donne l'arrivo della prima mestruazione era stato vissuto in maniera traumatica per non esserne a conoscenza. Per il 60% delle donne le mestruazioni mensili rappresentavano un evento "fastidioso" (a fronte dell'8% che ha risposto "a volte" e del 32% che ha risposto "no").

Ho evidenziato una correlazione significativa tra esperienza traumatica della prima mestruazione e ciclo mensilmente "fastidioso". Solo l'8% sapeva dell'esistenza di una corrispondenza tra ciclo mestruale e potenziamento delle capacità intuitive e creative, tipiche caratteristiche dell'essere femminile.

In relazione al rapporto tra ciclo mestruale e vita sessuale, il 12% delle donne ha risposto che influisce positivamente, il 68% ha risposto che influisce negativamente, il 20% ha risposto che è ininfluente.

Ho voluto riportare alcuni dati della mia ricerca per mostrarti quanto l'esperienza del ciclo mestruale influenzi la vita "ciclica" di una donna e quanta poca informazione essa stessa abbia circa risvolti positivi di questo evento mensile. Inoltre, i disturbi premestruali e mestruali, se è vero che dipendono anche da variazioni ormonali, hanno anche una componente psicologica molto importante, che deriva dalla difficoltà ad accettarsi come donne, ad accettare il proprio corpo, da esperienze di disagio vissute in quell'area, etc.

Segreto n. 5: la componente mentale, ancora una volta, è fondamentale nella "gestione" delle esperienze corporee.

Personalmente, ho avuto la fortuna di vivere la mia prima mestruazione come un evento da festeggiare.

Ricordo ancora l'eco delle parole di mia madre, quando le comunicai che mi ero accorta di perdere sangue. Lei mi disse: "non preoccuparti, ***sei diventata signorina****". Mi diede dei suoi assorbenti e mi disse come usarli.*

La sera dello stesso giorno io e i miei genitori andammo a cena da amici di famiglia e ricordo ancora un'atmosfera allegra e i miei pensieri, mentre sentivo le chiacchiere degli altri sullo sfondo. Realmente mi sentivo diversa, era cambiato qualcosa, stavo vivendo un'altra condizione della mia esistenza!

Sarà un caso, ma non ho mai sofferto particolarmente di dolori mestruali. Anzi, negli ultimi anni, grazie ai lavori di consapevolezza che porto avanti con gruppi di donne interessate a scoprire questo lato della loro femminilità, ho imparato ad ascoltarmi, particolarmente nel periodo che precede l'arrivo delle mestruazioni, e ad utilizzare le consapevolezze e le intuizioni che mi arrivano per accelerare il mio percorso di autoconoscenza, la mia crescita e "centrare" sempre di più la mia strada. I risvolti positivi relativi al ciclo mestruale, sostanzialmente, si riferiscono:

- all'acuirsi di molte percezioni, proprio nei giorni del ciclo (hai in mente l'immagine della lampadina che si illumina quando arrivano improvvisamente delle intuizioni che probabilmente rispondono a delle domande che ti sei posto/a?);

- al permettere una pulizia organica naturale (il sangue delle mestruazioni è come un torrente in piena che con la sua stessa forza di gravità è capace di portare a valle tutti i detriti incontrati nel percorso – a volte delle infezioni vaginali spariscono proprio con l'arrivo delle mestruazioni);

- all'entrare maggiormente in contatto con i cicli della Luna, come accade con i movimenti delle maree.

A questo proposito, invito te, lettrice, ad annotare sull'agenda se l'arrivo del tuo ciclo mestruale corrisponde al compiersi della luna piena.

È interessante capire, per la tua conoscenza, se sei rimasta in stretto contatto con il ciclo lunare o hai perso tale connessione, proprio per il fatto stesso di non averne più consapevolezza. Un tempo (e ancora oggi nelle culture matriarcali esistenti), tutte le donne di una comunità si sintonizzavano naturalmente con i cicli lunari (periodo fertile, periodo mestruale etc.) e accadeva che l'arrivo delle mestruazioni coincideva con il sorgere della luna piena. Quindi, quasi tutte condividevano nello stesso periodo il ciclo mestruale. Questo portava, come conseguenza nel tempo, la nascita contemporanea di molti bambini, con la possibilità di sostenersi a vicenda, di allattare anche i piccoli le cui madri non potevano fisiologicamente assolvere a questo compito, di contribuire a creare la comunità.

Tutto questo, anche se non ne abbiamo più molta consapevolezza, in realtà è iscritto nella nostra storia genetica.

Anche l'uomo beneficiava indirettamente di questa modalità perché poteva dedicarsi alle sue attività tranquillamente, sapendo che le donne si potevano sostenere a vicenda (nelle popolazioni matriarcali il sostegno ed il completamento vicendevole non era un peso dettato da "doveri", ma una necessità naturale, nel rispetto di ruoli diversi). Esistono ancora oggi alcune "nazioni" di nativi americani in cui queste esperienze sono ancora parte della loro vita quotidiana, ad esempio fra gli Zuni, gli Hopi, gli Acoma che vivono in Arizona, e che ho avuto il piacere di contattare personalmente.

Qualche anno fa mi trovavo nello stato americano del South Dakota. E una guida spirituale dei nativi Lakota mi ha spiegato che hanno creato l'Inipi (o capanna sudatoria) come rito purificatore e di connessione con il divino perché gli uomini potessero vivere dall'esterno ciò che le ***loro*** *donne vivono interiormente ogni mese con le loro mestruazioni.*

Oggi, i Lakota permettono di far vivere questa esperienza anche alle donne occidentali (...c'ero anch'io!) perché sanno che abbiamo perso il senso profondo, pulito e sacrale dell'evento mestruale.

Al di là, dei popoli nativi americani, fino a qualche tempo fa, in Tibet, era un costume comune, far percorrere alle donne con le mestruazioni i solchi di terra arati, per fertilizzare il terreno con il sangue mestruale. Prova a riconnetterti con queste esperienze. Di contro, esistono ancora nel mondo culture patriarcali (ad esempio in alcune parti dell'Africa) che considerano "infetta" la donna mestruata, pertanto la isolano dal villaggio (una sorta di esule); non incontra nessuno, se non chi le porta da mangiare, e può fare ritorno nella sua casa, tra la sua gente, solo alla fine del suo ciclo.

E a te lettore di sesso maschile, che effetto fa, qui e ora, apprendere questi punti di vista relativi al ciclo mestruale, retaggio storico del "gentil sesso" di cui in genere sei attratto? A volte si negano le realtà che non si conoscono o che non si vogliono conoscere, ma la mente ha la funzione di elaborare nuove informazioni che le arrivano dai sensi, quindi lasciale svolgere il suo compito e proponiti di apprendere punti di vista nuovi!

La conoscenza di questa parte di storia del corpo femminile contribuisce senz'altro ad avere più confidenza con ciò che gli accade e vive, a riconoscere anche con la mente le sensazioni che percepisce, ed anche questo è lavorare per la propria completezza di individui immersi in una realtà molto più grande, in una rete costituita di altre individualità umane, animali, vegetali, minerali etc.

RIEPILOGO DEL GIORNO 4:

SEGRETO n. 1: per sentire scorrere l'energia sessuale liberamente è necessario riportare il bacino nella sua condizione naturale di mobilità ed alle sue capacità ondulatorie.

SEGRETO n. 2: osservare gli altri come esseri umani che come te hanno una loro vita sessuale, compresi i tuoi genitori, contribuisce a smontare piedistalli immaginari su cui, magari, puoi vederli e a rafforzare anche la tua autostima.

SEGRETO n. 3: l'incontro equilibrato e piacevole con un altro essere umano, dal punto di vista sessuale, in realtà, non può prescindere da una conoscenza ed accettazione della propria sessualità.

SEGRETO n. 4: la mancanza di empatia dell'uomo riguardo alle "cose di donna" ha portato nei secoli alla negazione di quest'area che, dal mondo maschile si è poi trasferita a quello femminile.

SEGRETO n. 5: la componente mentale, ancora una volta, è fondamentale nella "gestione" delle esperienze corporee.

Giorno 5:
COME AFFRONTARE LE DIFFICOLTA' DI ORGASMO

Parlerò, in questo ambito, delle difficoltà nel raggiungimento dell'orgasmo, sia per gli uomini che per le donne, che possono essere affrontate, spesso, attraverso un percorso di autoconsapevolezza, seguendo indicazioni specifiche.

Inizieremo dal mondo femminile, culturalmente condizionato da secoli a non aver neppure il diritto di vivere fino in fondo l'esperienza orgasmica.

Non tratterò qui della frigidità, intendendo con essa la totale impossibilità a raggiungere l'orgasmo, e del vaginismo, ossia dell'impossibilità di penetrazione per l'insorgere di dolore, spesso molto intenso, perché i blocchi psicologici associati a queste difficoltà possono essere molto profondi pertanto, necessitano anche di un sostegno terapeutico esterno. Nella donna, spesso, le difficoltà sessuali rimangono, comunque, inespresse. Molte donne le danno quasi per scontate: un'inevitabilità senza possibilità di cambiamento. Ecco che imparano a fingere e rassegnarsi ed accontentarsi dei piccoli piaceri.

È accaduto anche a me, agli inizi della mia scoperta sessuale nelle relazioni. Temevo di ferire l'orgoglio del mio ragazzo, oppure mi sentivo sottilmente in colpa se lui mi dedicava molto tempo.

Così fingevo di raggiungere l'orgasmo. Però rimanevo insoddisfatta e, a volte, arrabbiata con me stessa per negarmi il piacere (non lo ero, comunque, abbastanza a quei tempi, perché altrimenti avrei agito per cambiar qualcosa).

Un giorno, dissi a me stessa che piuttosto che "far finta di essere la persona disinibita che non ero" avrei cambiato il mio comportamento: sarei stata prima di tutto congruente con me stessa, quindi avrei condiviso la mia esperienza reale con il mio partner e, sciogliendo questa resistenza sarei stata più libera di sentire il mio piacer fino in fondo e finalmente (fattore ancora più importante) ci sarei ***stata*** *realmente* ***io*** *nella relazione con lui .*

Se tu lettrice ti stai identificando con la prima parte del mio racconto, sappi che per il maschio è ancora più umiliante scoprire che non è riuscito a farti godere e, ancor di più, a non accorgersene. Quando si vive una reale relazione sessuale, e ancor di più una relazione d'amore la spinta verso il piacere da dare a se stessi e al partner è un'ottima molla per trovare la soluzione a problemi in quest'area.

Per quanto mi riguarda, ad esempio, il fatto che vivessi lunghi momenti di piacere che però poi non culminavano con l'esperienza orgasmica è stata la molla principale per scegliere di cambiare modalità.

In seguito, partendo proprio dalla sensazione istintiva del piacere e dalla naturale attrazione verso questo, ho compreso anche perché mi negavo i miei spazi all'interno della relazione (adesso il livello della mia autostima non è più down come allora!), perché mi preoccupavo eccessivamente dell'altro e poco di me stessa, perché, perché...

TECNICHE PER PROCURARSI PIACERE ORGASMICO

Cosa fare per iniziare ad affrontare difficoltà nel raggiungere l'orgasmo?

A. Innanzitutto, decidi di dedicare del tempo a te stessa, per acquisire maggiore consapevolezza sul tuo modo di avere successo in quest'area, che tu stessa consideri problematica.

I problemi possono essere vissuti in molti modi:

- c'è chi si dice di avere un problema, ma non agisce per trovare una soluzione; continua a lamentarsene, pensando di essere sfortunata (reazione passiva e vittimistica);

- c'è chi si rende conto di avere un problema, che questo le crea disagio e che vuole eliminarlo **cercando** delle soluzioni (però cercare non implica necessariamente trovare, torno qui al potere delle parole espresse);

- c'è chi comprende che la comparsa di un problema, in realtà, è una buona opportunità per rendersi conto che è necessario un cambiamento per riprendere a fluire e a crescere...e **trova** la soluzione. Ossia, riesce a sfruttare il lato positivo di un "inghippo": riprendere a "funzionare", in questo caso, equivale ad avere acquisito nuove capacità, una maggiore consapevolezza su se stessi, ed avere vissuto situazioni nuove (perché spesso l'"inghippo" compare quando ci si trova di fronte a situazioni nuove, che la nostra mente non è abituata a gestire).

Tu a quale tipologia appartieni?

Al di là della risposta che ti sei data, sappi che la descrizione di queste tre modalità esprimono tre gradi diversi della volontà di essere protagoniste, della propria vita, dal di dentro. Questo vuol dire che tendere a raggiungere il terzo tipo di risposta è una grande conquista personale, oltre che essere un traguardo facilmente raggiungibile.

Come? Prima di tutto volendolo, desiderandolo con tutti i tuoi sensi.

Sarai pronta all'azione quando essa sarà sostenuta dal tuo sentire e dalla tua volontà di andare in una certa direzione.

B. A questo punto, nell'arco di sette settimane, scrivi le tue risposte agli spunti di riflessione che ti propongo. Come vedrai, sono già suddivisi per gruppi. Affrontane uno alla settimana. Leggi i punti di domanda della settimana la mattina, appena sveglia e poi alzati ed inizia tranquillamente e normalmente la tua giornata.

Ti capiterà di sentirli affiorare durante il giorno, probabilmente penserai a delle risposte a cui non avevi mai posto attenzione, forse affioreranno dei ricordi in qualche modo collegati, associazioni di idee o altro. Alla fine della tua giornata, in un tuo spazio, prendi carta e penna e scrivi tutte le riflessioni che sono affiorate in merito alle domande. Se riesci a fare ciò poco prima di addormentarti, probabilmente con i sogni continuerai questo lavoro di scoperta di te stessa.

Ti consiglio di leggere esclusivamente il gruppo di domande su cui porterai la tua attenzione settimanale. Frena la curiosità di andare a vedere in anticipo cosa ti proporrò nelle settimane successive! Ripeti il ciclo dopo tre, sei, dodici mesi e confronta di quanto le tue risposte sono cambiate.

Ecco i sette punti su cui portare la tua consapevolezza, uno a settimana. Proponiti di contenere le risposte negli spazi prestabiliti. Sii concisa e diretta come meglio puoi.

Prima settimana:

Data del primo giorno della settimana ____________________

Conosci cosa accade nella donna quando raggiunge l'orgasmo?

Se sì, descrivilo.

Se no, descrivi ciò che immagini possa accadere.

____

____

____

____

____

Hai avuto da sempre difficoltà nel raggiungere l'orgasmo?

Se sì, descrivi la prima volta in cui ti sei resa conto di questo.

Oppure, questa difficoltà è comparsa ad un certo punto della tua vita sessuale e a seguito di qualche evento specifico?

Nella vita, temi i momenti in cui perdi il controllo?
Se sì, quando ti accade e perché (anche se ti rispondi subito che non sai, tenta ugualmente di darti delle risposte, anche se non le trovi veritiere).

____

Seconda settimana:

Data del primo giorno della settimana___________________

Ti masturbi?

Se sì, quali sono i tuoi pensieri e le tue fantasie **durante** la masturbazione?

____

____

____

____

____

Se no, quali sono i tuoi pensieri **sulla** autostimolazione sessuale?

____

____

____

____

____

Quali sono i tuoi pensieri durante un rapporto sessuale?

____

____

____

____

____

Terza settimana:

Data del primo giorno della settimana____________________

A cosa ti fa pensare il rapporto sessuale?

____

____

____

____

Durante un rapporto sessuale, in quali momenti le tue sensazioni sono più piacevoli ed intense?

____

____

____

____

____

Quando diventano meno intense, fino a smorzarsi?

____

____

____

____

____

Quarta settimana:

Data del primo giorno della settimana__________________

Condividi con il tuo (o con i tuoi!) partner i tuoi pensieri sulla tua vita sessuale?

Se sì, che cosa condividi e perché.

Se no, che cosa non condividi e perché.

____

____

____

____

____

Parli con il tuo partner delle tue difficoltà sessuali?

Ne parli con amiche o amici?

Oppure con chi altro?

Ti capita di fingere l'orgasmo durante un rapporto sessuale?

Se sì, quale pensiero dominante ti porta a decidere di farlo?

Con chi e soprattutto come?

Quinta settimana:

Data del primo giorno della settimana___________________

Ti guardi allo specchio quando sei nuda?

Se sì, ti piaci e ti senti disinibita?

____

____

____

Cosa ti piace di te fisicamente?

____

____

____

____

Se non ti guardi allo specchio, perché?

Non ti piaci, provi vergogna o altro?

____

____

____

____

Cosa non ti piace di te fisicamente?

____

____

____

____

Da quando non ti piaci?

____

____

____

____

Sesta settimana:

Data del primo giorno della settimana________________

Ti piace o eccita essere guardata nuda dal tuo partner?

Cosa provi quando succede?

____

____

____

____

Ti capita di osservare l'istinto a nasconderti quando sei nuda, anche se sai di non essere guardata da nessuno?

____

____

____

____

____

Ti nascondevi o ti vergognavi quando eri nuda in presenza dei tuoi genitori?

Se sì, verso quale età e perché?

____

____

____

____

Settima settimana:

Data del primo giorno della settimana____________________

Pensi che il sesso sia una cosa seria e con il quale non si gioca?

Se sì, perché?

____

____

____

____

Senti che la sfera sessuale è una delle tante aree della vita che merita di essere vissuta con intensità? O è un'area a parte, confinata della tua vita?
E perché?

____

____

____

____

____

Ti capita mai di sentirti "sporca" mentre vivi i tuoi rapporti sessuali?

____

____

____

____

____

Ti risuonano sensi di colpa su quest'area?

Se sì, da dove ti provengono (genitori, religione, contesto sociale, maestri di scuola, etc.)?

____

____

____

____

Alla fine delle sette settimane di lavoro su te stessa hai molto materiale in più, rispetto all'inizio, per scegliere di impiegare queste consapevolezze nella direzione verso la quale vuoi muoverti. Sensazioni – Emozioni – Sentimenti - Consapevolezza e Riconoscimento – Azione. Sono le fasi di un processo di cambiamento.

Con le tue risposte al questionario, durante le 7 settimane, hai avuto modo di lasciar affiorare e di confrontarti con le tue

sensazioni, le tue **emozioni**, i tuoi **sentimenti**, le tue vecchie nuove **consapevolezze**... Non ti resta a questo punto che scegliere di agire, quale tipo di azione e come.

In questi giorni, dopo il grande lavoro affrontato nelle sette settimane, proponiti di **agire**, anche se ancora non sai come. Anzi è positivo, per il momento, che tu non cerchi le risposte. Proponiti solo di **voler agire.** Passa a "nutrire" la tua mente acquisendo delle nozioni nuove o rispolverandole, se già le conosci.

C. Ciò che è importante sapere per lavorare sulla tua autoconsapevolezza e, in seguito, sul tuo cambiamento:

Segreto n. 1: il riflesso dell'orgasmo può essere bloccato involontariamente o perché, in presenza di una inadeguata stimolazione, ci si è convinte che non si è capaci di raggiungere l'orgasmo, o per altre cause.

Ti è utile abdicare alla rassegnazione?

Segreto n. 2: il fattore "tempo" può diventare motivo di ansia o inibizione quando pensi che i tuoi tempi di eccitazione debbano coincidere con quelli del tuo partner, ma probabilmente hai bisogno di fasi più lunghe di contatto fisico e stimolazione delle zone erogene e dei genitali.

Segreto n. 3: quindi, se l'orgasmo è un riflesso involontario, l'inibizione dell'orgasmo è appresa. Diventa involontaria perché non abbiamo espresso o neanche reso consapevoli i motivi scatenanti tale inibizione.

Confrontati con queste nozioni. Se vuoi, approfondiscile o parlane con altre persone. Quando ti senti pronta, passa alle indicazioni successive.

D. Ora è il momento di passare all'Azione!

Per prima cosa, mentre stai vivendo un rapporto sessuale tenta di fermare nella tua memoria cosa accade nel momento in cui inibisci il tuo piacere (è diverso riflettere su ciò che accade nella realtà e sperimentare direttamente!). Questo è il momento dell'osservazione "sul campo": non proporti ancora di modificare i tuoi vissuti.

L'obiettivo del tuo successo in quest'area è raggiungere l'orgasmo, ma come avviene anche nelle varie fasi dell'esperienza orgasmica, è necessario rispettare i tuoi tempi, non correre verso l'obiettivo, ma gustarti passo dopo passo ciò che vivi.

Quando sarà chiaro per te quali inibizioni entrano in gioco, immagina, come se lo stessi vivendo nel presente, il momento in cui ti abbandonerai all'esperienza dell'orgasmo e ti coinvolgerai in un'onda ritmica di piacere. Immagina le tue sensazioni, i tuoi movimenti, i movimenti del tuo partner. Sii coinvolta più che puoi nella tua immaginazione. A questo punto, diventa fondamentale coinvolgere il tuo partner: informalo della tua volontà di modificare il tuo vissuto di insoddisfazione sessuale, rassicurandolo sul fatto che tale insoddisfazione non dipende dalla mancanza di attrazione sessuale o di sentimento nei suoi confronti (ovviamente se questo corrisponde alla tua realtà!). Anzi, trasmettigli seduttivamente che lo stai invitando a vivere situazioni erotiche molto eccitanti. È importante rispettare la sequenza delle **fasi** che descriverò **per giungere gradualmente all'esperienza massima del tuo piacere orgasmico.**

1. **Masturbazione manuale** con l'ausilio di fantasie sessuali che hanno la funzione di eccitare e, nello stesso tempo, spostare l'attenzione dall'ansia o da eventuali sensi di colpa. Usa questa modalità fin quando raggiungerai l'orgasmo con molta facilità.

2. **Raggiungimento dell'orgasmo con stimolazione del clitoride ed in presenza del tuo partner**.

In questa fase puoi masturbarti mentre il tuo partner ti guarda, ed in genere per lui questa è una situazione molto eccitante; oppure, puoi viverti un rapporto sessuale nel vostro modo consueto e, quando il tuo partner avrà raggiunto l'orgasmo, invitarlo a dedicarsi alla tua masturbazione fino a farti godere.

3. **Raggiungimento dell'orgasmo con stimolazione del clitoride durante la penetrazione vaginale**.

In questa fase il tuo partner o te stessa continua a masturbarti durante il coito. È importante che il partner si muova lentamente durante la penetrazione e che, contemporaneamente, la stimolazione del clitoride continui fino agli attimi che precedono il raggiungimento dell'orgasmo.

Quando avverti la sensazione di massima eccitazione, interrompi i movimenti sul clitoride e sostituiscili con movimenti del bacino, fino a quando vivrai l'esperienza orgasmica. Questa pratica può non conseguire successo le prime volte, ma se questo accadesse rientrerebbe nella normalità dell'apprendimento. Una volta sperimentati i giusti movimenti e i tempi di entrambi, l'orgasmo arriverà facilmente.

Quando avrai sperimentato un cambiamento in te, condividi nuovamente con il tuo partner i tuoi vissuti.

La relazione sessuale non esclude un coinvolgimento di pensieri, di comunicazioni su ciò che si è vissuto. Anzi, questo aspetto contribuisce a renderla più completa e meno avulsa dal resto della vita.

Prendiamo ora in considerazione i problemi maschili nel raggiungere un orgasmo soddisfacente.

Mi capita molto spesso, ed in questi ultimi anni sempre più frequentemente, di essere contattata da uomini, di età compresa fra i 25 e i 40 anni, che vogliono risolvere "urgentemente" i loro problemi di erezione comparsi improvvisamente, dopo una fase di vita sessuale che loro stessi definiscono assolutamente normale.

Qualcuno, per la disperazione e l'urgenza di risolvere il problema, è ricorso anche all'uso di pillole per l'erezione, senza riscontrare particolari miglioramenti; le pillole per l'erezione, infatti, non servono a molto quando il corpo è in perfetta forma, ma è la mente ad intralciare l'esperienza: l'ansia ha la meglio anche sulle reazioni chimiche.

Simbolicamente, mentre si vivono i rapporti sessuali, si dovrebbe assumere una pillola che, magicamente, azzittisca la mente. A quel punto il corpo e le sue sensazioni di piacere saprebbero come rispondere e come non "**fallire**". Già, il fallimento è il primo timore che sopraggiunge quando, anche solo per una volta, ad un uomo è capitato di non aver raggiunto una buona erezione.

Questo, ovviamente, è un pensiero della mente, che si diverte a martellare sul corpo, tanto da scatenare vere e proprie crisi d'ansia, ed in alcuni il panico al solo pensiero di avvicinare una donna e scambiarci effusioni di piacere.

A volte, anche la masturbazione non riesce a far raggiungere una normale erezione (questa è una delle prime prove che viene naturale intraprendere per verificare se l'organo genitale funziona), ma perché anch'essa viene affrontata come un compito dal quale si attendono delle verifiche… si sperano, si bramano.

E come volete che il corpo possa rispondere con naturalezza, quando il fine dell'autoerotismo non è il piacere ma rispondere alla preoccupazione della mente di non essere più "normali"? L'ansia, tra l'altro, per molti uomini si espande anche nella vita quotidiana, in contesti assolutamente avulsi da pensieri e relazioni sessuali. Spesso sopraggiungono sentimenti depressivi: tutto sembra crollare, persino il desiderio sessuale. Ovviamente, non è facile accettare una nuova condizione di se stessi: dall'essere stati passionali al fare "cilecca", dal cercare approcci sessuali ad averne paura, dal sentirsi "macho" a vedere tutti gli altri come super-uomini super-dotati.

Piacere sessuale/erezione e controllo mentale/ansia intraprendono una battaglia, spesso senza precedenti, che non si riesce a disinnescare. Qualcuno, nel comunicarmi i suoi vissuti, mi dice di avere la sensazione che la testa sia sganciata dal suo organo genitale; quando mi dicono questo, io rispondo "benissimo"!

Segue sgranamento di occhi, che pian piano tornano normali, senza esprimere paura, quando spiego loro cosa intendo con la mia esclamazione. In realtà, è questa la giusta direzione che può far tornare l'equilibrio dentro e fuori la persona: sganciare per qualche momento la testa dal corpo. Infatti, correntemente tendiamo a guidare il piacere sessuale e la passione con la testa, ma è il modo perché il fallimento rimanga in agguato.

Il corpo, invece, non fallisce se lo si lascia scoprire, sentire e assaporare il piacere; tra l'altro, l'ansia di risolvere subito il problema, in genere non fa che alimentare altra ansia e allontanare la vera meta: conoscersi maggiormente, scoprire come funziona il corpo, sapere che la sua mente può bloccare il fluire delle esperienze e che le preoccupazioni di qualsiasi tipo tolgono spontaneità, anche la concentrazione esclusivamente al piacere della partner (questo in fondo vuol dire fare "bella figura"!) toglie naturalezza: non è naturale non "amare il prossimo **come** noi stessi".

Segreto n. 4: il corpo non fallisce se lo si lascia scoprire, sentire e assaporare il piacere.

Torno a te, lettore.

Un bel giorno, anzi un brutto giorno, scopri, in un momento di eccitazione e piacere sessuale con la tua partner, che il tuo organo genitale non risponde con l'erezione come dovrebbe o che questa termina molto tempo prima rispetto ai tuoi "standard di prestazione sessuale".

Cosa succede dentro di te? In genere, come ho descritto prima parlando delle mie esperienze terapeutiche, arriva lo scoraggiamento, ti sorgono dubbi sulla tua virilità, temi di avere problemi organici, pensi di non essere più all'altezza della situazione, compaiono sentimenti di vergogna nei confronti della tua partner. Sei tu stesso a tracciare, così, i primi solchi dell'ansia e della paura del fallimento, che probabilmente accompagnerà anche i successivi approcci sessuali.

Cosa non fare?

>Ascoltare la mente, perché tenderà di bloccare le nuove esperienze sessuali. L'ansia, purtroppo, viene innescata automaticamente dalla mente quando ti prepari ad un'altra esperienza sessuale.

>La mente, per il suo modo di lavorare come un computer, può fare previsioni su un'azione futura, in base alle sue conoscenze pregresse. In questo caso, adesso essa si attenderà il comportamento già provato "fallimento nella prestazione sessuale" e agirà di conseguenza, cioè si difenderà con l'ansia, come campanello di allarme di fronte ad una situazione che si

pensa di non poter gestire. È come se la mente gridasse "aiuto, aiuto!" e a quel punto il corpo sposterà le sue energie per affrontare lo stato di allerta e trascurerà il piacere sessuale che nel momento presente stava montando, non assecondandolo più.

Cosa fare?

> Pensa, intanto, che le difficoltà personali nascondono spesso delle grandi opportunità. In questo caso l'opportunità si riferisce al poterti conoscere più profondamente per poi liberarti di vecchi schemi mentali, soffermarti qualche istante su te stesso, riflettere su chi sei stato e su chi vuoi essere, e sentire che la tua vita, come la vita di tutti, è in continuo cambiamento, anche se spesso abbiamo l'illusione che sia sempre uguale a se stessa.

> Pensa alla tua mente come ad una suocera rompiscatole che tenta in tutti i modi di intromettersi, ostacolarti; difenditi da questa "suocera" non attaccandola, ma ascoltandola (magari scoprirai che ha qualcosa di interessante da dirti!), tranquillizzandola e rimettendo ordine, laddove corpo e mente hanno fatto confusione perché non abituati a collaborare.

> Depotenzia la paura che arrivi l'ansia e quindi il "flop" sessuale, sentendola come fosse il campanello antincendio di un hotel, in caso di incendio, se non ci fosse un allarme che avverte che sta accadendo qualcosa di inaspettato e che bisogna far qualcosa, come uscire dalla propria stanza e correre verso l'uscita di sicurezza, molta gente rimarrebbe intrappolata e morirebbe soffocata.

Quindi, grazie all'allarme dell'ansia puoi agire in qualche direzione.

Ti starai chiedendo, certamente, ma perché è accaduto proprio a me e perché in questo momento?

Se te lo sei chiesto, vai a cercare la risposta dentro te stesso, perché è già lì pronta ad essere riconosciuta ed espressa.

Segreto n. 5: ogni vissuto personale non è mai per caso e neanche il momento specifico in cui accade è un caso.

Ora ti fornisco alcuni spunti di riflessione che ti possono permettere di trovare le tue risposte personali. Scrivile ascoltando quanto più attentamente possibile te stesso e le tue emozioni:

Stai vivendo un periodo di preoccupazioni sul lavoro?
Se sì, quale è il problema reale?

____

____

____

____

Ti senti particolarmente stressato?
Se sì, per cosa e da quando?

____

____

____

____

Pensi troppo?

Quali sono i tuoi pensieri ricorrenti?

____

____

____

____

Hai notato cambiamenti nella tua partner che ti hanno destabilizzato?

____

____

____

____

Ti senti inferiore a lei perché adesso si sente realizzata in campi della sua vita in cui prima non lo era?

Se sì, come ti fa sentire non sentirti il suo “protettore”?

____

____

____

____

____

____

Stai ospitando in casa tua madre o tua suocera? (in genere le loro presenze, soprattutto se invadenti, condizionano e limitano la libertà personale).

Se sì, descrivi in che cosa ed in quale modo ti senti invaso nella tua privacy.

____

____

____

____

Recentemente hai subito un lutto?

Se sì, quella persona cosa rappresentava simbolicamente per te?

____

____

____

____

Stai vivendo un momento di instabilità o insoddisfazione professionale?

Se sì, cosa temi potrebbe accaderti e cosa potresti perdere?

____

____

____

____

Alcune aree della tua vita stanno subendo dei cambiamenti imprevisti o che pensi di non riuscire ad affrontare e gestire?
Se sì, quali ed in che modo stanno cambiando?

____

____

____

____

____

Desideri qualcosa che non riesci ad ottenere, malgrado tutto il tuo impegno e l'investimento di molte tue energie?
Se sì, di cosa si tratta?
Descrivi in maniera particolareggiata il tuo desiderio.

____

____

____

____

____

Intrattieni relazioni sociali con persone verso le quali ti senti "inferiore"?

Se sì, chi sono ed in che modo le senti superiori a te?

____

____

____

____

Non ti piace più il tuo aspetto fisico?

Se è così, cosa non ti piace in particolare e perché?

____

____

____

____

Hai fatto "cilecca" proprio con la ragazza che ti piaceva tanto e che consideravi irraggiungibile per te?

Se sì, quali erano le tue emozioni del momento?

____

____

____

____

Generalmente, temi i confronti nelle relazioni?

____

____

____

____

Sposti eccessivamente la tua attenzione sul raggiungimento del piacere sessuale della tua partner?
Se sì, perché, come ti fa sentire farlo?
Qual è il tuo bisogno reale?

____

____

____

____

____

Ti sei sentito improvvisamente in colpa nel provare piacere e raggiungere l'orgasmo?

Se sì, perché pensi che sia accaduto?

____

____

____

____

Temi di essere rifiutato dalla tua partner?

Se sì, cosa è cambiato nella vostra relazione?

____

____

____

____

Senti che stai perdendo il controllo su di lei?

Se sì, cosa temi accadrà a te ed alla vostra relazione?

____

____

____

____

Non provi più attrazione fisica per la tua partner?
Se è così, da chi dipende: da te, da lei, dal vostro modo di relazionarvi?
In che modo è accaduto?

____

____

____

____

____

____

Queste domande identificano molte delle aree che contribuiscono a creare stati d’ansia, con conseguente *ansia da prestazione*. Quindi, se hai risposto sì alla maggior parte delle domande, la tua ansia ha delle cause che creano in te uno “stato di allerta”.

Se ti sei identificato con una o più di queste domande fermati un istante e consapevolizza per prima cosa che nessuna di queste aree è inerente direttamente alla sfera sessuale. Quindi deduco che probabilmente **NON** hai un problema sessuale oggettivo, ossia una disfunzione erettile di natura prettamente organica.

Il tuo corpo sta probabilmente, molto semplicemente, reagendo come può all'accumulo di energie che gli viene richiesto da più parti, per affrontare disagi o cambiamenti diversi e tentare di riportare un equilibrio, così come è nella sua natura vivere. Quando in un impianto idrico di una casa scopriamo più perdite che fanno "disperdere" acqua inutilmente, l'idraulico va per prima cosa a tappare le perdite più grosse per evitare di far allagare la casa e poi procederà alle riparazioni cambiando tubi e collettori che ripristino nuovamente il naturale scorrere dell'acqua.

È ovvio che se l'idraulico continuasse solo a tappare le falle più grosse, quelle più piccole si ingrandirebbero perché la pressione dell'acqua spingerebbe inevitabilmente verso questi punti. Se le cose stanno proprio come le immagino, allora puoi dire alla tua mente che non hai un "problema sessuale di natura organica", ovvero puoi dirti che NON sei "malato" e puoi rivolgere, piuttosto, la tua attenzione al risolvere l'origine delle tue vere preoccupazioni o a gestire con più forza, determinazione e potere personale gli eventi che stai affrontando. Se però hai dubbi che le cose possano non essere così, ti suggerisco di confrontarti con uno specialista per assicurarti che non ci siano problemi di natura maggiore che quelli generati dalle tue preoccupazioni.

Quando un bambino fa capricci, ossia non chiede realmente aiuto, il modo migliore per farli cessare non è dargli attenzione, ma ignorarli distraendolo e dando attenzione, invece, a lui come persona (ribadisco che mi riferisco ai capricci e non alle reali richieste di aiuto). Rispondi ai punti di riflessione e poni la data del giorno in cui compili il questionario, in modo da poter rispondere nuovamente a queste stesse domande trascorso un periodo di tre mesi.

Tecniche per disinnescare l'ansia

Riappropriarsi della condizione di abbandono e perdita volontaria del controllo è indispensabile per vivere con soddisfazione un rapporto sessuale. Hai mai provato le sensazioni che si vivono quando si fa il "morto" in acqua? Ecco, quella è la condizione ideale per sentirsi vivi e presenti: non si può stare a galla senza muovere alcun muscolo se non abbandonando le paure, e rendendo silente la mente “suocera”.

Per abbandonarsi, dunque, bisogna non fare nulla!

Quando ti trovi in una condizione di desiderio sessuale richiama alla tua mente, dai tuoi ricordi, una condizione simile, immaginala dentro di te meglio che puoi, sentila in tutto il tuo corpo, espandi le tue sensazioni connesse con la sensazione di abbandono. Una volta individuata la tua condizione di abbandono ideale, immaginala sempre uguale in concomitanza con l’eccitazione sessuale. Richiamala più e più volte, finché non ci sarà posto per l’ansia nel tuo spazio interiore ed essa sarà sostituita dalla sensazione di lasciarti andare, accompagnata da respiri profondi.

RIEPILOGO DEL GIORNO 5:

SEGRETO n. 1: il riflesso dell'orgasmo può essere bloccato involontariamente o perché, in presenza di una inadeguata stimolazione, ci si è convinte che non si è capaci di raggiungere l'orgasmo, o per altre cause.

SEGRETO n. 2: il fattore "tempo" può diventare motivo di ansia o inibizione quando pensi che i tuoi tempi di eccitazione debbano coincidere con quelli del tuo partner, ma probabilmente hai bisogno di fasi più lunghe di contatto fisico e stimolazione delle zone erogene e dei genitali.

SEGRETO n. 3: se l'orgasmo è un riflesso involontario, l'inibizione dell'orgasmo è appresa. Diventa involontaria perché non abbiamo espresso o neanche reso consapevoli i motivi scatenanti tale inibizione.

SEGRETO n. 4: il corpo non fallisce se lo si lascia scoprire, sentire e assaporare il piacere.

SEGRETO n. 5: ogni vissuto personale non è mai per caso e neanche il momento specifico in cui accade è un caso.

Giorno 6:
COME AFFRONTARE LE DIFFICOLTA' DI EIACULAZIONE

Ti capita di raggiungere l'orgasmo troppo precocemente, e questo per te è un problema? Sappi che l'eiaculazione è un riflesso che può essere controllato volontariamente; infatti, in condizioni normali, è possibile ritardare il momento dell'orgasmo. Quando si raggiunge l'orgasmo velocemente il controllo non è efficace, quindi è importante sperimentarlo, apprenderlo per poter gestire l'eiaculazione. Prima di descriverti la tecnica con la quale puoi ristabilire un tale controllo volontario, chiediti come mai ti sta accadendo questo.

Quando non esistono disfunzioni organiche oggettive, che un consulto urologico può appurare, è nel tuo vissuto personale, nel tuo modo di affrontare ciò che ti si presenta nella vita che puoi trovare una strada di comprensione, e quindi di soluzione, della difficoltà.

Segreto n. 1: l'eiaculazione è un riflesso che può essere controllato volontariamente; infatti, in condizioni normali è possibile ritardare il momento dell'orgasmo.

Cosa fare:

Poniti le domande che trovi di seguito, e ripetile dopo tre mesi per verificare cosa è cambiato in te, quindi non dimenticare di scrivere la data:

Cosa sta sfuggendo al tuo controllo nella vita quotidiana?

____

____

____

____

Cosa vuoi raggiungere, afferrare, ma senza riuscirci?

____

____

____

____

C'è qualcosa che vuoi concludere velocemente?

Se sì, in quale ambito e quanto ti coinvolge questo evento?

Chi vuoi controllare?

E perché?

Che tipo di rapporto hai con la tua (o le tue) partner?

È di tipo complementare, cioè da eguali, o subordinato?

____

____

____

____

Hai qualche timore che ti fa desiderare di concludere il più presto possibile il tuo rapporto sessuale?

____

____

____

____

Durante i tuoi approcci sessuali con una partner sei distratto/a da qualche pensiero, e quindi non ci sei più tu nel tuo desiderio?

____

____

____

____

Prenditi del tempo per te. Rifletti su queste domande per individuare quale di queste ti risuona di più.

Lascia affiorare delle risposte o considerazioni generali in merito.

Infine, visualizzati già nella condizione di aver risolto la tua difficoltà, senti il piacere di essere soddisfatto, di avere una buona intesa sessuale con la partner, vediti nella condizione dell'orgasmo raggiunto dopo avere danzato col tuo piacere sessuale e la tua passione per un tempo maggiore rispetto a quello di adesso. Vediti mentre decidi tu con successo quando vivere la tua esperienza orgasmica.

Descrivi dettagliatamente la tua visualizzazione.

Dopo questo periodo con te stesso, coinvolgi la tua partner, se non lo hai già fatto, nel tuo obiettivo di risolvere la difficoltà di eiaculazione precoce. Chiedile se è d'accordo a sostenerti ed accompagnarti gradualmente per un periodo di almeno dieci settimane alla riscoperta del piacere sessuale pieno, del quale, ovviamente, godrà anche lei.

La prima sfida con te stesso riguarda il riuscire a coinvolgerla con eccitazione e senso del gioco, piuttosto che con il senso del compito da svolgere, del dovere da assolvere per aiutare "maternamente" il proprio compagno (che porterebbe inevitabilmente al pensiero trattenuto "io mi sacrifico per te, lo faccio per il tuo bene – che trappola diabolica sarebbe!).

Ricordiamo tutti come era scocciante, a volte da bambini, fare i compiti mentre il desiderio di giocare era lì a portata dei nostri sensi! Se incontri difficoltà in questa prima fase potresti consultarti con un esperto che ti potrà facilitare la strada verso la tua autoconsapevolezza e l'approccio migliore con la tua partner.

Tecnicamente:
per risolvere la difficoltà di eiaculazione precoce è necessario potenziare la tua sensibilità nella fase che precede l'eiaculazione stessa: allenarti a sentire ciò che accade nel corpo, momento per momento, finché non sarà naturale essere consapevole di ciò che stai vivendo nei tuoi rapporti sessuali ed, in particolare, del momento in cui sta per arrivare l'orgasmo.

Questo sarà il tuo obiettivo da raggiungere.

Di' a te stesso di **voler** addestrare il tuo organo genitale, così da prolungare il piacere durante i rapporti sessuali che vivi. Il **volerlo,** rispetto al dovere, ti pone nella condizione di potere personale e di assertività che è fondamentale per attivare un cambiamento.

Pensa alla differenza di energia personale che si sente, ad esempio, tra l'affermare "voglio vestirmi sexy" e "devo vestirmi sexy”. La prima affermazione sottintende il piacere di farlo per te stesso ed anche nei confronti di altri; la seconda, invece, taglia fuori te stesso, considerando gli altri con più potere di te e su di te.

Segreto n. 2: l’obiettivo di porre fine ai problemi di eiaculazione precoce può essere raggiunto con successo attraverso l’uso della tecnica “stop-start”.

Questa tecnica, ideata dal terapeuta americano James Semans. prevede più fasi, che vanno vissute seguendo attentamente l’ordine indicato. Ti consiglio di ripetere ogni fase almeno una volta a settimana.

Prima Fase:

Vivi i rapporti sessuali in modo naturale fino a raggiungere l’erezione. A quel punto, chiedendolo prima, vieni masturbato manualmente dalla tua partner, rimanendo ad occhi chiusi e sdraiato supino. Gli occhi chiusi permettono di concentrare l’attenzione sulle sensazioni che da lì in avanti si succederanno. Sarà più semplice, così, avvertire la tua partner nel momento in cui sta per arrivare l'orgasmo; in quel preciso istante lei deve interrompere la masturbazione.

Passata l'onda orgasmica, tu chiedi alla tua partner di riprendere con la masturbazione, ti riconcentri sulle tue sensazioni sessuali fino al prossimo picco di piacere. È necessario ripetere questa fase tre volte in maniera identica. Alla quarta volta ti abbandoni all'orgasmo.

Seconda Fase:

Dopo almeno due esperienze concluse con successo (ossia l'essere riuscito a trattenere l'orgasmo prima del quarto tentativo, per due volte, anche non immediatamente consecutive), sperimenterai nuovamente la prima fase, ma con il tuo organo genitale ricoperto di vaselina che, lubrificando, richiama fortemente l'ambiente vaginale.

Terza fase:

Dopo almeno quattro successi con l'applicazione della seconda modalità, passi al rapporto sessuale con penetrazione del tuo organo genitale nella vagina. È importante che tu rimanga supino e che, quindi, la tua partner si ponga sopra di te.

Utilizzata la stessa pratica della prima fase, con lo stop le prime tre volte di onda orgasmica e con l'eiaculazione nel corso della quarta volta.

Ancora una volta, è importante e necessario che la tua attenzione rimanga concentrata sulle tue sensazioni di piacere, soprattutto quelle immediatamente precedenti all'orgasmo.

Quarta Fase:

Dopo almeno quattro successi con la tua partner sopra di te, passi all'uso della tecnica stop-start con lei supina e tu su di lei. In questa posizione il controllo del tuo orgasmo è più difficile; per questo è necessario arrivarci dopo avere sperimentato il tuo successo nelle fasi precedenti.

Il controllo spontaneo del momento eiaculatorio si realizzerà probabilmente dopo diverse settimane dalla conclusione di questo allenamento. Quindi, non scoraggiarti alle prime esperienze e non dare altro spazio alla parte perdente che godrebbe nel vederti sconfitto, ma continua a rivolgere la tua attenzione sul raggiungimento del tuo piacere e della tua soddisfazione globale.

Perché questo allenamento vada a buon fine, come a questo punto ti sarà chiaro, è necessario che la tua partner sia disponibile a sostenerti e diventi complice dei tuoi "bizzarri" esercizi fisici! Pertanto, ti consiglio di coinvolgerla nella lettura preliminare di questi suggerimenti.

Leggete una fase per volta, frenando la curiosità di sapere "come andrà a finire". Depotenziate, così, la capacità della mente di prepararsi agli eventi che a volte è preziosissima, ma a volte, come in questo caso, il rischio sarebbe di veder filtrato l'ascolto delle sensazioni mentre si creano.

Passiamo ora all'aspetto opposto, l'**eiaculazione ritardata**. Ti capita di controllare eccessivamente il tuo orgasmo, tanto da ritardarlo per tempi molto lunghi? Questo, a volte, può essere molto piacevole anche per la tua partner, ma il rischio per te è che, arrivato al massimo dell'eccitazione, l'assenza dell'eiaculazione porterà ad una perdita progressiva dell'eccitazione stessa. L'assenza della fase di scarica con l'eiaculazione non è molto salutare per te.

Oppure, riesci a raggiungere l'eiaculazione quando la partner ti masturba, ma non durante il coito? Questo vuol dire che sei un passo più avanti rispetto a chi inibisce completamente l'orgasmo. Modificando il controllo volontario dell'eiaculazione queste difficoltà spariscono.

Segreto n. 3: l'inibizione del riflesso volontario dell'eiaculazione può derivare da una reazione di difesa, spesso inconsapevole, di fronte alle stesse paure o ansie che in altri uomini provocano problemi di erezione.

L'obiettivo è qui il sentirti libero di godere dell'orgasmo quando vuoi tu, come corpo-mente e spirito e smontare la condizione di ipercontrollo del momento eiaculatorio.

Come fare?

Ci sono due tecniche che ti suggerisco e che si usano frequentemente. Solo uno specialista che ti conosce personalmente può comunque assicurarti di poter individuare la tecnica, tra le varie esistenti, particolarmente adatta per te:

A. La distrazione, attraverso l'uso di fantasie erotiche, mentre sei masturbato dalla tua partner. Quando si sposta l'attenzione, il controllo sulla situazione si depotenzia naturalmente. Ed è proprio una delle modalità che serve all'uomo che vive questo disturbo dell'eiaculazione tardiva.

Pertanto, quando senti che sei all'apice delle tue sensazioni piacevoli e della tua eccitazione, **pensa ad altro**! Gioca con la tua mente attraverso fantasie sessuali. Pensa che, per risolvere questo tuo disagio, ti puoi permettere ciò che in genere non va fatto per vivere pienamente un'esperienza orgasmica: non essere totalmente presente nel momento che stai vivendo.

Ovviamente, ciò ti servirà fino a quando non avrai più bisogno delle fantasie perché riuscirai a viverti serenamente un rapporto sessuale in cui il contatto con la partner è fondamentale per completare l'esperienza.

Prima, però, di adottare questo stratagemma, è importante che tu coinvolga la tua partner nei tuoi esperimenti e se sei seguito da uno specialista di discutere con lui/lei l'appropriatezza per te di questi esercizi.

Segreto n. 4: condividere con la tua partner i tuoi "esperimenti", oltre che necessario per la buona riuscita di questi, rappresenta il primo passo per costruire una relazione sessuale matura e soddisfacente per entrambi.

B. La desensibilizzazione graduale ad uno stimolo o contesto privilegiato attraverso il quale ti è più facile raggiungere l'orgasmo. Quando riesci a raggiungere l'orgasmo solo in determinati situazioni e contesti, gli esperimenti prevedono, in una prima fase, una desensibilizzazione graduale della situazione che ti permette l'orgasmo. Ad esempio, se riesci a godere solo masturbandoti ed in assenza della tua partner, sperimenterai di fare la stessa cosa, ma mentre la tua partner è in casa, e concordato che non entrerà nella stanza in cui ti trovi tu.

Quando riuscirai a raggiungere l'orgasmo in questa nuova situazione, passerai a masturbarti in sua presenza, ma senza prevedere un contatto fisico fra voi due. Solo quando avrai avuto successo in quest'altra modalità potrai passare a farti masturbare dalla tua partner e raggiungere, così, l'orgasmo. Infine, è importante sperimentarlo vicino alla vagina, in più approssimazioni, sentendo tu stesso dove è buono fermarti.

Dopo questa fase, la tua partner ti masturberà con l'ausilio della vaselina, che riproduce la sensazione vaginale, ed introdurrai il tuo organo sessuale nella vagina solo quando senti che sta per arrivare il tuo orgasmo; a quel punto, muovendoti ritmicamente insieme a lei potrai abbandonarti all'orgasmo durante il coito.

Segreto n. 5: come vedi, è importante, gradualmente sostituire l'orgasmo raggiunto individualmente con la relazione sessuale con una partner.

RIEPILOGO DEL GIORNO 6:

SEGRETO n. 1: l'eiaculazione è un riflesso che può essere controllato volontariamente; infatti, in condizioni normali è possibile ritardare il momento dell'orgasmo.
SEGRETO n. 2: l'obiettivo di porre fine ai problemi di eiaculazione precoce può essere raggiunto con successo attraverso l'uso della tecnica "stop-start".
SEGRETO n. 3: l'inibizione del riflesso volontario dell'eiaculazione può derivare da una reazione di difesa, spesso inconsapevole, di fronte alle stesse paure o ansie che in altri uomini provocano problemi di erezione.
SEGRETO n. 4: condividere con la tua partner i tuoi "esperimenti", oltre che necessario per la buona riuscita di questi, rappresenta il primo passo per costruire una relazione sessuale matura e soddisfacente per entrambi.
SEGRETO n. 5: è importante, gradualmente sostituire l'orgasmo raggiunto individualmente con la relazione sessuale con una partner.

Giorno 7

COME ESSERE PASSIONE: IL TOUCH OF PASSION

Una relazione, di per sé, implica la condivisione di una qualche area della propria vita.

Nell'ambito della sessualità essa si basa, in genere, sulla complicità, sull'attrazione reciproca, sulla ricerca del piacere reciproco e sul soddisfare quello dell'altro, sullo scambio di emozioni e sentimenti. Solo in questo modo è possibile sperimentare realmente rapporti sessuali **con** un'altra persona, invece che fare sesso con se stessi **per mezzo** di un'altra persona. E questo vale sia per gli uomini che per le donne.

RAPPORTI SESSUALI SODDISFACENTI

Come ottenerli?

Quando condividi un'esperienza piacevole con un'altra persona: ad esempio il gustare un gelato o ammirare un'alba o un tramonto, se veramente la condividi e siete sintonizzati sullo stesso piano di intesa, accadranno diverse cose. Senz'altro parlerete dell'esperienza; farete degli apprezzamenti; puoi descrivere all'altra persona le tue sensazioni perché sai che potrà comprenderti. Potete comunicarvi, senza riserve, cosa non vi è piaciuto, ad esempio quel gusto del gelato era troppo dolce, oppure una nuvola o il freddo mattutino o serale vi hanno fatto perdere l' "attimo fuggente".

Ecco cosa fare quando si condivide un rapporto sessuale:

Segreto n. 1: comunicatevi reciprocamente le vostre zone erogene.

Osserva il partner per scoprire cosa può piacergli e come può piacere a te accostartici. Stimola il tuo saper essere complice del partner in una situazione intrigante.

Comunicatevi reciprocamente cosa è sgradevole e vi inibisce l'eccitazione sessuale (un tipo di tocco, un tipo di odore, un tipo di movimento, etc.). Un rapporto sessuale, come dice la stessa parola "rapporto", implica una comunicazione con l'esterno e di questa è importante tener conto, altrimenti si tratterebbe solo e soltanto di masturbazione attraverso gli organi sessuali del partner.

RAPPORTO SESSUALE E AMORE

Quando diciamo "fare l'amore" presupponiamo che due corpi che si incontrano fisicamente, usino il rapporto sessuale come strumento per esprimere intensamente i loro sentimenti di amore, vicinanza, intimità, condivisione profonda su tutti i piani. Il connubio *relazione sessuale - amore* amplifica sentimenti di felicità, espande il cuore, nutre la gioia, fa sperimentare empatia profonda (la capacità di riuscire a mettersi nei panni dell'altro tanto da sentire ciò che lui sente). Il sesso vissuto al di là dei sentimenti di amore, invece, è un'esperienza di piacere fisico e biologico.

Molti testi sull'argomento ritengono inscindibili il piano puramente fisico e quello sentimentale. Io ritengo, senza giudizio, che è possibile vivere entrambe le esperienze separatamente, le quali sono senz'altro diverse, e che unire il cuore al sesso completa l'esperienza di piacere, oltrepassando il confine prettamente fisico e legato alle sensazioni del momento.

Segreto n. 2: unire l'esperienza sessuale al sentimento d'amore crea come un filo sottile di energia luminosa che può diventare forza creatrice, non solo attraverso la procreazione, ma nell'espansione delle proprie capacità di dare e nella propria fiducia di poter ricevere, a volte, senza necessità di difendersi.

Nella sessualità vengono messe in movimento delle forme di energia legate a specifici punti energetici o *chakra* (termine che significa *ruota*, nell'antica lingua indiana). I chakra costituiscono dei punti di snodo dell'energia che circola in tutto il corpo. Vengono paragonati alla ruota (pensate a quella di una bicicletta, di una motocicletta o di un carro) in quanto, attraverso dei raggi, l'energia arriva al centro di questa ruota e da lì, grazie al suo movimento, si ridistribuisce in tutto il corpo.

Nella tradizione indiana, si contano sette chakra principali nel corpo di un essere umano, distribuiti dalla testa agli organi genitali. In particolare, il punto energetico a diretto contatto con la sessualità, e che mette in movimento l'energia sessuale, è il cosiddetto **primo chakra** che si situa, sia nell'uomo che nella donna, appena sotto gli organi genitali.

Questo punto, tra l'altro, si trova in diretta connessione con l'energia della Terra. Conoscere questi punti di movimento e trasformazione energetica è importante per poterli utilizzare al meglio e comprendere alcuni stati d'animo strettamente connessi ad essi.

Segreto n. 3: l'attivazione massima del primo chakra durante un rapporto sessuale, ad esempio, è la causa del tipico stato di benessere che segue l'esperienza orgasmica e che, se in una prima fase porta a momenti di piacevole stasi, subito dopo mette in moto una carica energetica molto intensa; in genere si ha molta voglia di agire e di formulare propositi.

In realtà, si attinge ad un pozzo senza fondo di energia creatrice che è possibile sfruttare e direzionare in vari ambiti. Ti invito ora a fermarti un momento. Rispondi alle seguenti domande che ti aiuteranno a prendere maggiore consapevolezza ciò che la mente spesso non può controllare. Proponiti di ritornare con la memoria alle tue esperienze e sensazioni post-orgasmiche.

Descrivi cosa ti richiamano.

____

____

____

____

Quando la fine di un rapporto sessuale coincide con il sonno notturno, come ti senti al risveglio?

____

____

____

____

Ti capita di voler fare qualcosa di nuovo o di piacevole, subito dopo un rapporto sessuale?

____

____

____

____

Qual è, in genere, il tuo stato d'animo dopo un rapporto sessuale?

____

____

____

____

Com'è l'interazione con il tuo partner dopo il rapporto sessuale?

____

____

____

____

Proponiti di ritornare su queste riflessioni a distanza di un mese da ora, la tua maggiore attenzione su queste sensazioni probabilmente apporterà dei cambiamenti che potrebbero essere inaspettati.

Nelle culture matriarcali, i passaggi nelle varie fasi di sviluppo dell'essere umano erano, e sono tutt'ora, sanciti da veri e propri Riti di Passaggio:

- la nascita nel mondo
- dall'infanzia all'adolescenza
- dall'adolescenza all'età della responsabilità personale nella maturità
- dalla maturità alla saggezza della persona anziana
- etc.

Nel rito di passaggio dall'infanzia all'adolescenza l'individuo, sia maschio che femmina, vive un'esperienza sacrale, denominata e codificata per gli "occidentali" da Frank Natale, il Touch of Passion, che accompagnerà il suo modo futuro di interagire con il mondo esterno, attraverso il suo corpo e l'energia della passione, attraverso la sua mente e la sua coscienza.

Questi tre elementi che esprimono la totalità dell'essere umano, a loro volta sono intimamente connessi con l'energia del cuore, ossia dell'amore, che si espande al di là dei sentimenti di attrazione uomo-donna.

Gli obiettivi del Touch of Passion sono:

1. permettere all'energia orgasmica di fluire liberamente, ristabilendo, così, lo stato energetico naturale del corpo. È possibile, infatti, che dalla nascita al periodo adolescenziale, la persona abbia vissuto esperienze spiacevoli o frustranti e queste creano, di per sé, blocchi di energia che intralciano il suo normale fluire attraverso tutto il corpo.

2. Usare questa energia della passione per guarire disturbi fisici ed emozionali, dunque, è un obiettivo intrinsecamente connesso con il primo.

3. Favorire la lucidità mentale e raggiungere un profondo stato di rilassamento. La condizione estatica che si vive durante l'esperienza ha la capacità di guarire la persona nella sua completezza.

Il risveglio dell'energia della passione attraverso una serie di pompaggi ritmici con il corpo su tutto il corpo, innesca una condizione vibratoria naturale e, attraverso le mani si lavora, contemporaneamente, per liberare in tutto il corpo l'energia bloccata e trattenuta nei vari organi fisici e nei punti energetici.

Segreto n. 4: il risveglio dell'energia della passione attraverso una serie di pompaggi ritmici con il corpo su tutto il corpo, innesca una condizione vibratoria naturale.

L'energia che viene risvegliata viene direzionata gradualmente sul chakra del cuore che si trova al centro del petto, così viene connessa direttamente l'energia genitale e sessuale con il cuore, piuttosto che con la mente, cosa che noi facciamo abitualmente.

Segreto n. 5: una volta raggiunto questo obiettivo, le parti negate del corpo della persona vengono rienergizzate e riportate in sintonia con lo scorrere della vita.

Durante l'esperienza, dunque, la persona che la riceve può liberare ricordi legati all'infanzia, emozioni trattenute, può vivere degli orgasmi che si dilatano in tutto il corpo che inizi a vibrare in sintonia con l'energia dei genitali, anche se questa esperienza lavora su tutto il corpo simultaneamente, senza rivolgere un'attenzione particolare ai genitali stessi. Quando l'esperienza ha fine, la persona che l'ha ricevuta vive una profonda trance vibrazionale.

Vivere quest'esperienza nell'età adolescenziale, tra l'altro, è un ottimo modo per dissolvere emozioni di rabbia o di altro genere che, se rimangono bloccate nella struttura energetica della persona, potrebbero portare a comportamenti sessualmente devianti e violenti (pedofilie, stupri, etc.).

Al di fuori delle culture matriarcali, è possibile e senz''altro auspicabile, anche se nell'età adulta, vivere questa esperienza per portare equilibrio energetico nel corpo attraverso l'energia della passione. È anche un ottimo modo, non, mentale di guarire traumi come violenze sessuali subite.

Personalmente mi capita spesso di utilizzare questa esperienza con alcuni tipi di persone che mantengono un forte controllo mentale, ma che vogliono risolvere traumi sessuali iscritti nel loro corpo e della loro mente.

Il Touch of Passion è infatti, al tempo stesso, un'opportunità per guarire traumi legati alla sfera della sessualità, e per riconnettere profondamente la propria passione con il cuore, trasformando alle radici il modo di vivere la Passione stessa, che riacquisisce il suo ruolo naturale di strumento per fare esperienza ed interagire con gli altri, partendo dal principio del piacere reciproco e della comunicazione profonda su tutti i livelli del'essere.

RIEPILOGO DEL GIORNO 7:

SEGRETO n. 1: comunicatevi reciprocamente le vostre zone erogene.

SEGRETO n. 2: unire l'esperienza sessuale al sentimento d'amore crea come un filo sottile di energia luminosa che può diventare forza creatrice, non solo attraverso la procreazione, ma nell'espansione delle proprie capacità di dare e nella propria fiducia di poter ricevere, a volte, senza necessità di difendersi.

SEGRETO n. 3: l'attivazione massima del primo chakra durante un rapporto sessuale, ad esempio, è la causa del tipico stato di benessere che segue l'esperienza orgasmica e che, se in una prima fase porta a momenti di piacevole stasi, subito dopo mette in moto una carica energetica molto intensa; in genere si ha molta voglia di agire e di formulare propositi.

SEGRETO n. 4: il risveglio dell'energia della passione attraverso una serie di pompaggi ritmici con il corpo su tutto il corpo, innesca una condizione vibratoria naturale.

SEGRETO n. 5: una volta raggiunto questo obiettivo, le parti negate del corpo della persona vengono rienergizzate e riportate in sintonia con lo scorrere della vita.

CONCLUSIONI

Siamo giunti alla fine del nostro viaggio. Ora hai molto materiale per il tuo lavoro di recupero di una vita sessuale e passionale soddisfacente e completa.

Conserva preziosamente tutti i questionari e gli spunti di riflessione che hai scritto. Questi ti serviranno per rispondervi nuovamente e, in seguito, confrontarli con quelli della volta precedente.

Se sentirai di avere trasformato schemi mentali e modalità relazionali ancora prima della fine di un trimestre, vai avanti nel tuo percorso di autoconsapevolezza. Ti accorgerai, tra l'altro, che ripetendo le introspezioni a distanza di tempo andrai sempre più in profondità: affioreranno nuovi ricordi, vecchie emozioni, etc.

Scrivere le tue riflessioni vuol dire dar loro vita, che può essere richiamata ogni volta che vorrai. Probabilmente rileggendo una risposta, non ti ci riconoscerai più e non ricorderai un episodio che avevi citato.

Alla fine di ogni "Giorno" trovi un riepilogo dei segreti fondamentali contenuti nel capitolo stesso: si tratta di frasi chiave che contengono i punti salienti del lavoro che ti ho prospettato. Rileggerli può aiutarti a riconnetterti con tutto il lavoro che hai fatto, senza disperdere nulla.

Ricorda che la mente tende automaticamente a ricreare le sue vecchie abitudini, anche se sono portatrici di sofferenza. D'altro canto, questa tendenza "conservatrice" della mente può giocare a tuo favore se impari a sfruttarla: un uso metodico degli esercizi, delle tecniche, dei Segreti, può creare nella tua mente nove abitudini, che sostituiranno quelle precedenti.

A quel punto, diventerà sempre più semplice stabilizzare in te i risultati ottenuti. Tutto questo richiede comunque impegno da parte tua, costanza nel seguire le indicazioni che ti ho dato, che fanno parte tutte di una strategia globale che ti permetterà di cambiare ciò che non ti esprime più. Ti accorgerai probabilmente che, quando sperimenterai libertà e felicità nell'esprimere la tua Passione, ci sarà una parte di te stesso che farà resistenza ai riconoscere i risultati ottenuti. Nulla di strano!

Considera che questo testo è una guida pratica che può permetterti di trovare le tue risposte ed incamminarti verso le tue mete, ma per raggiungere la meta c'è bisogno di impegno, volontà ed esercizio costante. Solo in questo modo potrai trarre i benefici da questo manuale e vedere i risultati auspicati. Continua il tuo percorso finché il corpo non mentirà più e la mente godrà senza pudore!

Maria Rosa Greco

Psicologa, psicoterapeuta e giornalista. Esperta in terapie naturali e Reiki Master secondo il metodo tradizionale di Usui.

Tiene regolarmente seminari di "***SessualMente***" per guarire il rapporto con la sessualità e recuperare il naturale fluire dell'energia sessuale. Per temi inerenti la sessualità incontra i lettori nel suo Blog www.sessualmente.blogspot.com e nella sua pagina Facebook "Maria Rosa Greco". Il suo ultimo testo è *La malattia non esiste – una sfida quantistica per la guarigione* (Ed. Verdechiaro). Conduttrice della One Experience© e della Caccia all'Anima. Nei suoi viaggi di ricerca è entrata a contatto con maestri di varie tradizioni, soprattutto nativi nord e sud americani e dell'India settentrionale. Ha ricevuto il 4° livello del sacerdozio andino in Perù nel 2001. Opera da anni per introdurre in Italia un approccio terapeutico aperto all'integrazione con tecniche provenienti da culture tradizionali, senza per questo trascurare la sua attività psicoterapeutica, nella quale utilizza anche le tecniche che ha appreso nelle esperienze vissute durante i suoi viaggi (lavori con l'energia provenienti dalla tradizione andina, viaggio sciamanico per il recupero dell'integrità corpo, mente e spirito, ascolto di cd che lavorano sul subliminale ecc.).

Lavora come libera professionista a Roma, Milano, Chiasso e Catania. Porta avanti le sue ricerche sulle civiltà matriarcali e la cultura della Dea anche nell'ambito dell'Associazione Pachamama www.sciamanesimo.eu.